Hans-Jürgen Laabs

Beusselstraße 23, Teil II

Hans-Jürgen Laabs

Beusselstraße 23

Teil II

Kindheit im Berlin der späten 50er Jahre

Herstellung und Verlag:
BoD - Books on Demand, Norderstedt

ISBN 978-3-7460-3546-8

Vorwort

Ich danke mit diesem Buch besonders meiner Tante Immi in Lübeck, bei der ich zusammen mit meiner Schwester etliche Sommerferien verbracht habe. Sie war wie eine Mutter für uns, hat uns umsorgt und immer darauf geachtet, dass es uns richtig gut ging.
Danken möchte ich auch allen Verwandten, Bekannten, Lehrern und Freunden, die in diesen Jahren dazu beigetragen haben, dass ich eine schöne, erlebnis- und lehrreiche Zeit genießen konnte.

Nach dem Erscheinen meines ersten Buches wurde mir von vielen Seiten versichert, dass die von mir angefertigten Illustrationen von höchster genialer und künstlerischer Klasse, sowie erstaunlicher Aussagekraft seien.
Davon inspiriert, habe ich beschlossen, auch für dieses Buch die Zeichnungen selbst zu gestalten, in der Hoffnung, dass in ferner Zukunft mein starker künstlerischer Ausdruck als epochemachend verstanden und eingestuft wird.

Inhalt

Home sweet home 9

Der Ernst des Lebens 21

Erlebnis Berlin 28

Lehr- und Wanderjahre 39

Wander-(Überlebens)-Lieder 48

Stahlross-Touren 51

Die großen Trecks 55

Geldbeschaffung 65

Die Marzipan-Oase 70

Action-Bühne frei 83

Noch mehr Ernst im Leben 95

Wir stechen in See 113

Home sweet home

Es war aus! Ich war im Gletschereis eingefroren, und dahin hatte mich eine Unachtsamkeit bei meiner Höhenwanderung gebracht. Erfrieren ist ein schöner Tod, so wird es jedenfalls in vielen Berichten beschrieben (wurden die Betroffenen wieder aufgetaut?).

Ich ergab mich meinem mir wohl zugedachten Schicksal und stellte das Atmen ein. Doch plötzlich, sicher wegen Luftmangels, erwachte ich aus meinem Albtraum. Ich lag in meinem Bett, doch in klirrender Kälte. Ich begriff, dass dies mein Zimmer war, doch leider ohne Heizung! Meine Schwester lag noch eingefroren und unbeweglich in ihrem Bett auf der anderen Seite des Raumes.

Eine schöne Aussicht bot sich mir: Eisblumen an den Scheiben des Fensters, doch die wollte ich im Moment eigentlich gar nicht so sehr genießen. Ich wartete mit dem Entkleiden von dicken Socken, Schal und Pudelmütze, was meine Nachtkleidung war, bis meine Mutter hereinkam und mitteilte, dass inzwischen der Gasofen in der Küche soweit aufgeheizt war, dass man sich dort einigermaßen auftauen und entspannt bewegen konnte.

Die Morgenwäsche fand an dem in der Küche befindlichen Ausguss statt, über dem immerhin ein Boiler mit 5 Litern Kapazität installiert war. Nach Abtupfen des Oberkörpers (inklusive Zähneputzen natürlich) gab es noch einen Waschlappen für 'Unten'.

In der inzwischen wohlig warmen Küche gab es dann schließlich Frühstück, das für mich meistens aus einem mit Banane belegten Brot und einer Tasse Kakao bestand, und schon mussten wir auch ab in die Schule.

Doch noch einmal zurück zu unserem Iglu-Eis-Zimmer. Wir hatten eine recht geräumige Wohnung im Hinterhaus der Beusselstraße 23, eine große Diele, ein großes Wohnzimmer, ein großes Schlafzimmer, einen langen Korridor und eine mittelgroße Küche. Die Toilette war außerhalb, aber seit einem Umbau vor einigen Jahren über die gleiche Etage zu erreichen.

Da genug Platz war, schliefen meine Schwester und ich jahrelang in unseren Bettchen im Schlafzimmer unserer Eltern. Dies hatte sogar als außergewöhnlichen Luxus einen Kachelofen, der allerdings nur selten beheizt wurde. Aus mir erst später klar werdenden Gründen fasste unser Vater eines Tages den

Beschluss, dass es Zeit wäre, uns auszuquartieren. Mit seinen Tischler-Erfahrungen schaffte er flugs einen neuen Raum, indem er die Diele mittels einer Holzwand zweiteilte. Der Raum war zunächst stockdunkel, doch in die bestehende Brandwand wurde ein Fenster eingebaut (wie er das mit der Genehmigung durchgesetzt hat, ist mir heute noch ein Rätsel).

So hatten wir schließlich ein eigenes Zimmer, mit Verbindung zum Korridor und zur Diele. Eingerichtet war es mit 2 Betten, einer Kommode und einem Wandregal. Die Kommode hatte jeweils rechts und links Fächer mit einer Tür davor, die linke Seite für meine Schwester, die rechte für mich, und in der Mitte Ablagen für unsere Bücher, mit zwei verschiebbaren Glasscheiben zu verschließen. Das Wandregal war nur für mich, da ich die meisten Bücher besaß. Ich war stolz auf dieses Regal, denn ich hatte es selbst entworfen, Holzplatten gekauft und diese dann mit Teakholz furniert!

Das notwendige Aufräumen des Zimmers gestaltete sich oft problematisch, da meine Schwester meist nicht den akribischen Normen folgte, die ich mir auferlegte. Aber als der

Ältere sah ich gelassen und etwas überheblich darüber hinweg.

Ein eigenes Zimmer war Gold wert! So konnte man unter der Bettdecke noch nachts die hinausgeschobenen Hausaufgaben machen oder mit dem Transistorradio den letzten Meldungen von den Olympischen Spielen lauschen.

Was unsere Wohnung betraf, hatte unser Vater natürlich noch mehr gute Einfälle, um diese komfortabler zu gestalten. Da die außenliegende Toilette an unsere Küche grenzte, nahm er eines Tages Hammer und Meißel zur Hand und erschuf einen Durchbruch, der uns einen direkten Zugang ermöglichte. Auf der alten Türseite wurde sogar noch eine Dusche eingebaut! Das war Luxus pur trotz des natürlich immer noch kalten Bades.

Ja, was machte ich eigentlich in unserer Wohnung? Denn die meiste Zeit war ich entweder in der Schule oder 'Draußen'. Draußen hieß: Roller und Rollschuh-Fahren, Freunde treffen, durch Straßen ziehen, Trümmergrundstücke nach Altmetall durchforsten und Drachen steigen lassen. In der

Wohnung gab es: Eisenbahn, Stabilbaukasten und Lesen, dies meistens weltzugewandt über Reisen und Abenteuer, jedoch weltabgewandt in meinem Zimmer.

Nur einmal mussten meine Eltern etwas räumliche Einbußen durch meine Stabilbauaktivitäten hinnehmen, als ich nämlich durch die ganze Küche eine Seilbahn mitsamt 4 Gondeln baute, die immerhin eine Woche in Betrieb war. Der Betrieb in der Küche war dadurch leider etwas eingeschränkt!

Zu meiner Eisenbahn ist zu sagen, dass ich die Hauptaktivitäten in den Aufbau legte, mit Verlegung von Gleisen, Gestaltung von Bergen und Landschaften. Das spätere Spielen mit der Bahn war nebensächlich, zumal die Züge bei der Durchquerung des Berges meist entgleisten.

Ab und zu spielten wir abends mit unseren Eltern Canasta oder Rommé, dies sogar mit Geldeinsatz. Es war dennoch eine lohnende Investition, da zu Weihnachten die angesparte Summe zwischen mir und meiner Schwester aufgeteilt wurde.

In unserer Wohnung hatte ich auch einige Aufgaben zu übernehmen, als da waren:

Elektrische Installationen, da mein Vater auf diesem Gebiet null Ahnung hatte. Installieren von Steckdosen, Verlegen von Kabeln und Studieren von elektrischen Betriebsanleitungen waren meine Sache, mit dem Erfolg, dass mich unzählige Stromschläge heimsuchten. Doch als Nachkriegskind hart im Nehmen, habe ich diese, ohne größere Schäden davonzutragen, überstanden.

Klinkenputzen! Unsere Wohnungstüren waren allesamt mit Messingklinken versehen. Beim vierteljährlichen Putzreigen mussten sie auch gesäubert werden, und diese Aufgabe fiel mir zu. Mit einer Flasche 'Sidol' bewaffnet machte ich mich also an die Arbeit, stets zur Zufriedenheit meiner Mutter.

Dann war dann noch das 'Kohlenholen'. Wie bereits früher berichtet, waren in unserem Keller für den Winter Unmengen von Press- und Eierkohlen eingelagert. Meine Aufgabe war es, diese in die Kohlenkisten (die in der Küche standen) meiner Eltern und meiner Oma zu transportieren, und dies aus dem Schrecken einflößenden Keller! Auch gehörte ab und zu auch noch Holzhacken dazu, jedoch ohne Wissen meiner Mutter.

Dies zum Thema Kinderarbeit, das heute so für Schlagzeilen sorgt!

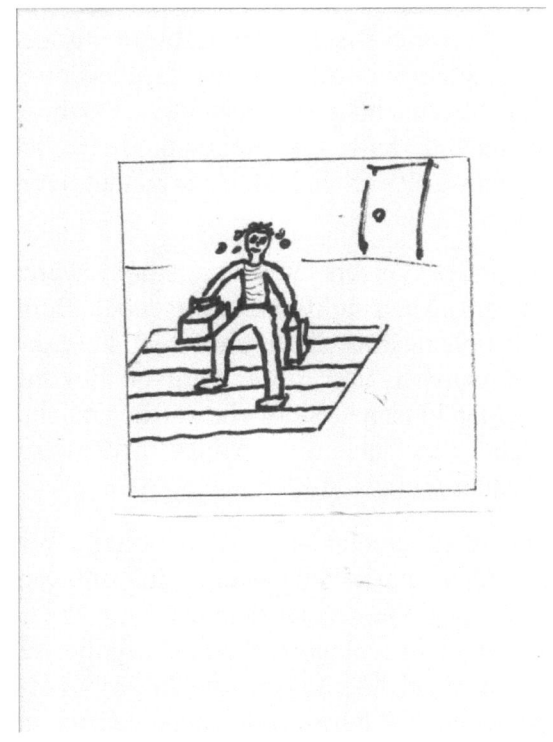

Besuche! Abgesehen von Sylvester oder speziellen Geburtstagen, mit den Freunden meiner Eltern, gab es wenig Besuche in unserer Wohnung. Wenn uns dann doch jemand einmal aufsuchte, war dies eine willkommene Abwechslung.

So kam, wenn auch selten, meine Cousine Monika zu Besuch, nur wenig jünger als ich, mit blonden langen Haaren, Kielerin mit norddeutschem Akzent, gutaussehend, aber leider dann nur mit meiner Schwester zusammen. Na ja, ich war ja auch noch zu jung!

Manchmal auch mein Cousin Wolfgang, etliche Jahre älter, Schwarm aller Frauen. Nachdem ihm sechs Jahre lang ihn eine aufs Intensivste bezirzt hatte, war er schließlich weichgekocht und heiratete sie. Er wurde dann in unserem neuen Zimmer einquartiert und meine Schwester und ich mussten dann wieder im Schlafzimmer Platz nehmen, mit entsprechender Enthaltsamkeit unserer Eltern. Wolfgang war Elektro-Ingenieur, und so versuchte ich, ihm meine, wenn auch rudimentären, elektrischen Erfahrungen zu demonstrieren. Eine Kontaktplatte vor seinem Bett sollte mir im Schlafzimmer, mittels ein dahin gezogenen Kabels, und einer Lampe mitteilen, wenn er sich aus dem Bett begab. Er durchschaute dies natürlich sofort und ich kam mir ziemlich dämlich vor. Dafür waren wir ebenbürtig im Schachspielen, wo ich ihm alles abverlangte.

Ein stetiger Gast war mein damaliger Klassenfreund Hans-Joachim. Wir spielten mit meiner Eisenbahn oder bauten in der Küche mithilfe von Stühlen und Laken ein Boot auf, in das wir hineinkriechen konnten. Meist war es ein U-Boot, aber auch Kreuzer und Fahrgastschiffe kamen aus der Werft. Ich überließ ihm meist die Rolle des Kapitäns, während ich mich um die Kombüse kümmerte. Mit dem heimischen Wissen, wo Kakao, Milch und Zucker standen, bereitete ich dann den Trank, der uns half, die Gefahren der Meere zu meistern. Oft lasen wir uns auch aus unseren Karl-May-Büchern vor.

Da wir jedoch meist in meinem Zimmer spielten, hatten meine Eltern wegen eines möglichen Erfrierungstods einen Heiz-Spiral-Ofen angeschafft. Dieser wärmte zwar hervorragend, setzte allerdings einmal wegen zu großer Nähe den Pullover meines Freundes in Brand. Ich schob ihn schnell zum Ausguss in der Küche und damit war zumindest die Lebensgefahr gebannt. Er war in Sicherheit und für den Pullover zahlte letztendlich die Versicherung.

Über meine Geburtstage hatte ich schon berichtet. Doch mit dem Alter ab 11 Jahren kamen Varianten dazu (eingeführt natürlich von meinen Klassenkameraden), die neu für mich waren: So etwa das Weiterreichen eines Streichholzes von Mund zu Mund, von Junge zu Mädchen und umgekehrt, wobei das Streichholz von Runde zu Runde immer kürzer wurde. Damals unwahrscheinlich prickelnd, und ich bekam regelmäßig Schweißausbrüche! Auch das uralte Spiel 'Hänschen piep einmal', bei dem ein mit ihren Augen verbundenes Mädchen sich der Reihe herum auf den Schoß der anderen Mitspieler setzen musste, um ihn zu erkennen, bekam durch die – wenn auch nur geringfügige – Berührungen eine neue erotische Note! Noch allerdings wurden die Mädchen nach Geburtstagsende nicht begleitet und mussten alleine nach Hause laufen, oder wurden von ihren Eltern abgeholt.

Der Ernst des Lebens

Über meine Einschulung in die 8. Grundschule und meine vergebliche Suche nach dem dortigen beginnenden 'Ernst des Lebens' hatte ich schon in meinem ersten Buch berichtet. Ernst war mir dort also nie begegnet! Auch über den kurzen Schulweg, da zumindest mit der dritten Klasse der direkte Weg über ein Trümmergrundstück führte, das an unser Hinterhaus angrenzte und in dem Jahr davor abgeräumt worden war, ist der Leser bereits informiert.

Davor ging der Weg über die Turm- und Waldstraße, insofern oft interessant, als es an geparkten neuen Automodellen vorbeiging, zum Beispiel einem knallroten 'Borgward Isabella'. Bislang bevölkerten nur Volkswagen die Straßen.

Da ich mit zu den Klassenbesten gehörte, waren meine Mitschüler der festen Meinung, dass nur ich mir später auch solche Karossen leisten könnte.

Die Unterrichtsstunden verliefen für mich locker, obwohl ich etliche Tage im Jahr wegen Krankheit fehlte oder aus demselben Grund verschickt war. Andere Mitschüler taten sich da schwerer. Ich erinnere mich, dass im

Deutschunterricht Worte mit ‚zu' gefunden werden sollten (wie zupacken, zubeißen, etc.), und mein Nachbar beeilte sich, das Wort 'Zuban' in die Klasse zu werfen, eine Zigarettenmarke, die er wohl aufgrund erster Raucherfahrungen im Kopf hatte.

Eine Abwechslung, und daher immer freudig erwartet, waren die jährlich durchgeführten Klassenfahrten. Die ersten beiden Male ging es in das Schullandheim am Wannsee, ein altes stattliches Gebäude, beinahe schlossähnlich. Es wurden kleine Wander-Ausflüge unternommen, das Schönste aber war das Herumtollen auf dem Gelände des umliegenden Gartens, der eher einem riesigen Park glich .
Schon damals mit Taschenmessern ausgestattet, schnitten - zumindest wir Jungs - Weidenäste von den zahlreichen Büschen, die mit einigem Geschick zu Pfeil und Bogen verarbeitet werden konnten. Damit wurden dann Indianerkriege begonnen und natürlich wild um sich geschossen. Dies allerdings zum äußersten Missfallen unseres 'Heimvaters', der seine Weidenbüsche hüten musste, die Waffen kurzerhand einsammelte und damit dem Kriegstreiben ein jähes Ende bereitete. Abends wurden dann in dunkler Rittersaal-Atmosphäre Gruselgeschichten vorgelesen,

mittels einer Taschenlampe eine Riesenspinne an die Decke projiziert, sodass wir uns nach einiger Zeit gerne unter die Bettdecken verkrochen und aufgrund des aufregenden Tages schnell in einen verdienten Tiefschlaf fielen.

Später, als die Lehrer uns reif genug dafür befanden, führten unsere Klassenfahrten in den Harz, Frankenwald oder Bayerischen Wald. Diese reizvollen Landschaften waren ins besonders während der Sommermonate von Berlinern okkupiert, da sie wegen der akzeptablen Reichweite auch finanziell erschwinglich waren. Die Einheimischen freuten sich jedes Jahr über die Berliner wegen der Einnahmen, doch noch mehr, wenn diese wegen ihrer großen Berliner Klappe wieder heimfuhren.

Diese Reisen waren von großer erzieherischer und aufklärerischer Bedeutung! Nicht nur, dass wir durch den uns betreuenden Lehrer durch ausschweifende Wanderungen körperlich gestählt wurden, auch das wir an sozialem Verständnis gewöhnt wurden, wenn der Klassenkamerad im Bett über Dir laufend Kekse aß und die Krümel in Dein Bett rieselten, nein, auch das zwischenmenschliche Verhältnis zwischen Jungs und Mädchen brachte erste Erkenntnisse! So wurde ich von dem Krümelmonster über mir erstmalig sexuell aufgeklärt. Eine wahrlich ungeheure Sache, da in meinem Elternhaus nie darüber gesprochen wurde!

Zu allem damals Erstaunlichen kamen dann ein paar wenige Klassenkameraden auf die Idee, bei der nächsten Wanderung uns pärchenweise, nämlich Hand in Hand durch die Wälder gehen zu lassen. Die Mehrzahl der Jungs bekam somit (wohl, weil sie schneller waren) die hübschesten Mädchen, und wir drei Klassenbesten die Schlauesten. Immerhin konnte man, wenn auch gehemmt, sich einigermaßen gut unterhalten. Unser Lehrer lief damals am Schluss der händchenhaltenden Kolonne, um absichtliches Bummeln der letzten Pärchen zu verhindern.

Abgesehen von Wandertagen, die uns meist in den Grunewald oder den Tegeler Forst führten, gab es noch mehr Aktivitäten außerhalb der Klassenräume:

Einmal wöchentlich Schwimmunterricht in einer fast barock ausgestatteten Schwimmhalle in der Turmstrasse, in der 25 m-Bahnen und Kopfsprünge für den Freischwimmer geübt wurden, dies jedoch unter subtropischen Klimabedingungen, weil wohl das Geld für die Kühlung der Halle fehlte. Hier machte ich später sogar meinen 'Rettungsschwimmer', bei dem ich selbst fast ertrank, da mich der Ausbilder beim Üben von Befreiungsgriffen bis auf den Grund des Schwimmbeckens drückte. Aber das war wohl auch meiner spacken Figur zuzuschreiben.

Das zweite waren regelmäßige Besuche im Museum für Naturkunde in der Invalidenstraße im damaligen Ostteil der Stadt. Abgesehen vom langen Anmarschweg von über 3 Kilometern war das Museum für die meisten von uns doch recht interessant. Ostberlin war damals noch mit nur leichten Grenzkontrollen ohne weiteres zu betreten, was unseren Lehrer jedoch nicht davon abhielt, die Grenzbeamten, obwohl sie uns selten kontrollierten, als 'Krümelsucher' zu bezeichnen.

Noch bevor wir Englisch-Unterricht bekamen, wurde eine völkerverständigende Idee ins Leben gerufen, nämlich der schriftliche Kontakt zu anderen Schülern, und dies weltweit. So wählte ich mir drei Adressen aus: In Malta, Jamaika und Nordafrika. In Ermangelung des Englischen wurde die Korrespondenz in einer Art Zeichensprache geführt. Nordafrika kam bald aus mir heute unbekannten Gründen bald zum Erliegen, Jamaika und Malta führte ich sobald wie möglich in Englisch fort. Der Briefverkehr mit Jamaika kam irgendwann auch nicht mehr voran, was mir heute noch leid tut, denn meine Partnerin war ein schönes, farbiges Mädchen und ich musste oft an den Song denken: 'Schön und kaffeebraun sind alle Girls aus Kingston Town'.

Der Briefwechsel mit Michael aus Malta hielt an, und irgendwann wanderte seine komplette Familie, mit ihm natürlich, nach Ontario in Kanada aus. Wir schreiben uns nun seit 62 Jahren, haben gegenseitige Besuche in Kanada und Deutschland gemacht, sowie eine gemeinsame Reise mit unseren Partnern in diesem Jahr nach Malta.

Erlebnis Berlin

Mit fortgeschrittenem Alter wurde mir klar, dass nicht nur Moabit das Reich der Mitte sein konnte, und so dehnte ich meine Aktivitäten auch in die umliegenden Bezirke aus. Damals waren wir gut zu Fuß, und so machten Ausflüge und Erkundungen nach Charlottenburg oder Wedding absolut keine Schwierigkeiten (ich war ja auch auto- und fahrradlos aufgewachsen).

So marschierte ich ab und zu ins damalige 'Berliner Zentrum', das war die Zoogegend mit der darin befindlichen Gedächtniskirchen-Ruine, dazu der Kudamm und den dazugehörigen Highlights. Hier tobte für mich damals das Leben und ich kehrte Moabit dann oft gerne den Rücken.

Meinen Wissensdurst stillte ich im 'Aki'. Wie der Name sagt, ein Aktualitätenkino gleich neben der Gedächtniskirche, das eine Stunde lang Nachrichten aus aller Welt, auch Slapsticks, Natur und natürlich Werbung brachte. Man zahlte einen geringen Eintrittspreis und konnte sich dann das Stundenprogramm, so oft es einem gefiel, ansehen. Ich verbrachte oft Nachmittage in diesem Super-Kino!

Ja, und wenn dann der Hunger sich bemerkbar machte, dann gab es gleich um die Ecke in der Joachimstaler Straße das Schnellrestaurant 'Aschinger', vor langer Zeit von zwei Schwaben gegründet, und deutschlandweit aktiv. Na ja, mir war Aschinger vor Ort wichtig, denn es gab billig das Vorzeigegericht, nämlich Erbsensuppe, und dazu Brötchen, und diese kostenlos! Erst als Studenten der naheliegenden Technischen Universität ihre Brötchen dort für ihre Wohngemeinschaften einsammelten (ohne die zu bezahlende Erbsensuppe), wurden auch diese schließlich ein Opfer des aufkommenden Materialismus. So hatte auch die Berliner Semmel schließlich ihren Preis!

Ein anderes Spaziergebiet war, gar nicht so weit von unserer Wohnung entfernt, das 'Hansaviertel', ab 1957 im Tiergarten erbaut mit Wohnungsblocks, die eine ganz neue Stilart zur Schau stellten, Zimmer in einem neuen, praktischen Stil präsentierten, und leider nur für etwas begüterte Mitbürger erschwinglich waren. Aber es war interessant, sich diese architektonisch gelungenen Bauten anzuschauen. Eine schmucke Kirche stand auch in deren Mitte. Außerdem ein Info-Zentrum gleich neben der S-Bahn, in dem ich mir Informationen über Architekten und Bauweisen zu Gemüte führte. (Nur zur Info: Nachdem in diesem Gebäude auch jahrelang ein Ableger der 'Staatlichen Porzellanmanufaktur' ihre Ausstellung hatte, beherbergt es heute 'Burger King'). Im Gymnasium hatte ich eine Klassenkameradin, die mit ihren Eltern im Hansaviertel wohnte. Ich beneidete sie zutiefst, aber was sollte ich machen? Außerdem hatte sie einen Adelstitel: 'von Oy'. Denen steht so etwas anscheinend zu! Oder?

Es gab da noch einen Ort, den ich unwahrscheinlich gerne besuchte, und das war das Naturkundemuseum in Dahlem. Ich stöberte hier oft stundenlang durch die Abteilungen, die mir vergangene und ausgelöschte Zeiten und

Entwicklungsepochen zeitnah vor Augen führten. Ich fühlte mich ganz einfach wohl hier in diesem Museum und habe auch in ferner Zukunft eine meiner späteren Geliebten dorthin entführt. Es wurden immer sehr interessante Diskussions- und dann auch sonstige Abende.

Abgesehen von den ersten Schlittschuh-Versuchen auf dem Neuen See, die immer von meinem Vater begleitet wurden, fuhren meine Schwester und ich später öfter zum Eisstadion Neukölln, trotz der langen Fahrt mit der BVG. Dort durften wir alleine hin, da keine Gefahr des Einbrechens bestand. Ich konnte auch viel besser und schneller stoppen, da es eine hölzerne Bande gab.

Ansonsten blieb ich meinem Bezirk doch ziemlich verbunden. Damals konnte man noch für seinen Vater Zigarillos im nahen Tabakgeschäft 'Boenisch' kaufen, ohne 18 Jahre vorweisen zu müssen. Auch die Rente für meine Großmutter konnte ich auf der Post für sie abholen, nur mit einer handschriftlichen Vollmacht ihrerseits. War die Welt noch in Ordnung? Oder haben wir, so naiv, wie wir waren, vieles andere einfach nicht mitbekommen?

Nochmals einen Rückblick auf die Tischlerei 'Pagel', in der mein Vater nach dem Krieg Arbeit fand und von der ich schon in meinem ersten Buch berichtete. Doch auch nachdem mein Vater eine Anstellung bei 'Olympia' fand, blieb ich dieser Tischlerei insofern verbunden, weil ich weiterhin mich dort mit Holz versorgte, im Wesentlichen für meine Eisenbahnplatte und Möbel für die Puppen meiner Schwester.

Jeder suchte damals nach seinem Glück, wie immer es aussehen konnte. Glück war, wie auch heute noch, ein ersehnter Gewinn im Lotto. Fast alle waren dieser Magie verfallen! So wurde wöchentlich angekreuzt: Geburtsdaten, Freudentage, Festtage, Hochzeiten, oder ganz einfach kreuz und quer. Immerhin wären die Zahlen eins bis sechs eine durchaus mögliche erfolgversprechende Variante gewesen. So ging man dann jede Woche zur Lotto-Annahmestelle und ließ sich seinen ausgefüllten Lotto-Schein 'ablochen', das heißt, in einer dafür vorgesehenen Stanzmaschine wurden die mit Kreuzchen versehenen Felder durchlocht. Wie der erhoffte Gewinnvorgang dann weiter vor sich ging, entzieht sich meiner Kenntnis, da es erstens nie einen großen Gewinn gab, und unser Glücklich-Sein sich wohl auf einer anderen, nicht pekuniären Ebene vollzog.

Irgendwie hatte ich die Beziehungen zu meiner Kirche, die in unserer unmittelbaren Nachbarschaft stand, nie abgebrochen. Nach Kindergarten besuchten meine Schwester und ich sonntägliche Kindergottesdienste (übrigens sehr früh jeden Sonntag. Und was machten unsere Eltern in dieser gewonnenen Zeit? Ketzerische Frage!). Schließlich war ich dann in einer kirchlichen Tischtennis-Gruppe aktiv, sogar sehr erfolgreich, denn ich wurde auserwählt, in der Berliner Kirchenmeisterschaft anzutreten! Immerhin erreichte ich den dritten Platz, der mir so viel Selbstvertrauen einflößte, dass ich mir später größere Aufgaben zutraute. Danke, und danke auch meinem damaligen Pfarrer, der sich gegen alte Zöpfe durchsetze und unserer Kirche ein neues, zukunftsweisendes Bild gab. Bei ihm hatte ich auch meinen Konfirmandenunterricht, der mich endgültig zu einem guten evangelischen Christen machen sollte. Ich kann mich leider an sehr wenig erinnern, außer dass ich einen Bericht über die 'Innere Mission in Berlin' verfasst habe und bei der abschließenden Prüfung die zehn Gebote durcheinanderbrachte! Außerdem, dass meine Schwester, die, obwohl jünger, mit mir zusammen konfirmiert wurde, und zu meinem

Leidwesen an besagtem Tag fast einen Kopf größer war als ich. Es waren sicher nur ihre Stöckelschuhe! Mein Pfarrer war übrigens so sehr von weltlichen Annehmlichkeiten angetan, dass er später eine seiner Konfirmandinnen heiratete.

Unser Nah-Ausflugsziel war immer der Plötzensee. Dies speziell an Sonntagen, wenn meine Mutter ihre Kochkünste ausprobieren und unter Beweis stellen wollte (dann ohne meine Großmutter!) und uns in dieser Zeit der Vorbereitungen lieber auf Expedition schickte. Bei schönem Wetter war Zeit zum Baden. Hier schaffte ich eines Tages auch die schwimmende Durchquerung des Sees. Und wieder zurück! Bei schlechtem Wetter ging es zum nahegelegenen Friedhof, in dem dann unser Opa begossen wurde. Essen oder Trinken gab es damals üblicherweise unterwegs nicht, sodass meine Schwester und ich, schon auf dem Rückweg in der Beusselstraße, so einen Durstmangel zur Schau stellten, dass sich unser Vater schließlich bereit erklärte, in ein Wirtshaus einzukehren. Ich denke, ihm war das auch Recht, hier ohne Beisein seiner lieben Frau ein Bier zu trinken. Und wir bekamen immerhin jeder ein Glas unserer beliebten Fassbrause, ach, wie himmlisch!

Nicht zu vergessen die Besuche des Berliner Zoos, meist zusammen mit unseren Eltern (schon wegen der nicht unerheblichen Eintrittspreise). Besonders drei Attraktionen sind in meinem Gedächtnis haften geblieben:

Das imposante Flusspferd 'Knautschke', wenn es sich mit seinen zig Tonnen Gewicht aus dem Wasser begab.

Der freche Schimpanse Jonny, an dessen Käfig ein nicht zu übersehendes Schild mit der Aufschrift hing: 'Vorsicht, Jonny wirft mit Dreck!' Was dieser dann auch tat und mit seinen Exkrementen die Besucher bewarf, die sofort eilends auseinanderstieben. Jonny grinste nur.

Der Kampf meiner Mutter mit einem kleineren Affen, der mit ihrer Handtasche liebäugelte, als diese zu dicht am Gitter auftauchte. Meine Mutter gewann diese Auseinandersetzung, allerdings mit einem Henkel weniger an der Tasche.

Auch das Aquarium war immer einen Besuch wert, und besonders interessierten mich die Krokodile und die exotischen farbenfrohen Fische. Ich hatte später das Glück, als ich in Saudi-Arabien arbeitete, diese in natura beim Schnorcheln im Roten Meer zu erleben.

Ein Highlight war auch das jährliche Polizei-Sportfest im Olympiastadion, das wir selten ausließen. Höhepunkt, jedenfalls für mich, war die Motorrad-Staffel mit einer Pyramide von ungefähr acht Reihen Polizisten darauf.

Ereignisse waren auch die Besteigung der Siegessäule und des Funkturms, wo der Snack im Restaurant auf mittlerer Höhe des Turms nicht ausgelassen werden durfte.

Lehr- und Wanderjahre

Nichts erwartete ich sehnlicher als Klassen- und Ferienfahrten, die nach 'Westdeutschland' führten, zu Landschulheimen in Kronach (Frankenwald), Zwiesel (Bayerischer Wald) oder Wieda (Harz). Schon die Busfahrten dorthin waren ein Erlebnis, da der Busfahrer versuchte, uns Kindertruppe bei Laune zu halten, dies mit Liedern, Witzen oder Geschichten aus dem anzusteuernden Feriengebiet. Außerdem ging es nicht nach Zwiesel, sondern immer nach Zwi-Esel!

Für diese Fahrten spendierten mir meine Eltern sogar einen ersten eigenen Koffer, mit karierten Stoff-Außenseiten, den ich, obwohl oft zu schwer für mich, stolz mit mir herumschleppte.

Mein Lieblingslandschulheim jedoch war das sogenannte 'Hillebille' bei Wieda im Harz, das meistens bei Ferienfahrten während meiner Sommerferien angesteuert wurde. Diese Reisen wurden oft von meinem ehemaligen Klassenlehrer Herrn Kelm geleitet, dem es vor allen Dingen daran lag, uns abends recht müde ins Bett zu bringen. Dies erreichte er mit Wanderungen, die alle zwei Tage stattfanden. Es waren mindestens gefühlte 20 Kilometer!

Herr Kelm mit Kompass und Wanderkarte, die um seinen Hals baumelte, vorneweg, und wir, je nach Kondition, in unterschiedlich großen Abständen hinterher. Bei Pausen wurde auf Nachzügler gewartet und auf Vollständigkeit durchgezählt, um sofort die nächste Etappe zu starten.

Um die Strapazen dieser langen Wanderungen besser überstehen zu können, sangen wir im Schrittrhythmus Lieder oder proklamierten anspruchsvolle Sprüche. Die werde ich im folgenden Kapitel extra behandeln.

Die ganze Hütte war, zumindest aus heutiger Sicht, recht spartanisch eingerichtet. Auch der 'Service' ließ etwas zu wünschen übrig: So hatte ein Mädchen von uns die schwierige Aufgabe, Klopapier an Toilettengänger zu verteilen. Es gab immer nur vier Blatt! (Ihre besten Freunde bekamen fünf). Das Übrige musste mit auf dem Klo hängenden Zeitungspapier bedient werden.

An den 'freien' Tagen hatten wir unsere eigenen, spannenden Aktivitäten. So floss nur 100 Meter von unserer Hütte entfernt ein Bach vorbei, der immerhin an manchen Stellen so tief war, dass man sich ganzkörperlich erfrischen konnte. Ansonsten wurde der Bach für Seifenschalen-Rennen benutzt. Nach mehreren Renn-Durchgängen gebührte dem Tagessieger die uneingeschränkte Ehre, ansonsten gab es leider keinen Siegerpreis.

Eines Tages kamen einige bauingenieurinteressierte Kameraden (mich natürlich eingeschlossen) auf die Idee, einen Damm zu errichten. Gesagt, getan! Dies geschah dann mit einem so eindrucksvollen Erfolg, dass am nächsten Morgen das Tal weitestgehend unter Wasser stand und Tiere bereits in den angrenzenden Wald flüchten mussten. Jegliche Bauaktivitäten wurden daher ab sofort verboten!

Nicht weit entfernt gab es, gut versteckt, eine Höhle, deren Betreten von der Heimleitung verboten war. Doch das machte natürlich erst den Reiz aus, in die etwa 50 Meter lange Höhle hineinzukriechen, natürlich mit Taschenlampen ausgerüstet. Es war aufregend und spannend, zumal wir durch Wasser waten mussten, in dem sich Hunderte von Kaulquappen befanden. Es war ein tolles Gefühl, Höhlenforscher zu sein.

Direkt angrenzend an unser Quartier gab es eine freie Sandfläche, die wir meistens für Fußball nutzten.

Ich hatte meist die zweifelhafte Ehre, als Torwart eingesetzt zu werden, da ich nicht scheute, mich in kritischen Torsituationen in den staubigen Sand zu werfen. Unsere fußballerischen Leistungen wurden über alle Grenzen bekannt, und so schien es ganz normal, dass eines Tages ein Spiel gegen die Jugendmannschaft des Wiedaer FC vereinbart wurde. Au backe! Denn dies nämlich auf einem richtigen Fußballplatz mit Olympiamaßen. Der große Tag rückte näher und es wurde dafür noch härter trainiert. Meine Hoffnung auf einen Toreinsatz schmolz jedoch bald dahin. Ja, ich musste schließlich einsehen, dass ich es mit meiner damaligen Körpergröße selbst mit einem Sprung nicht an die Querlatte des Tores geschafft hätte! Immerhin war ich Ersatzmann. Wie das Spiel schließlich ausgegangen ist, habe ich nicht mehr in Erinnerung, doch ich glaube, wir haben uns ganz achtbar gegen diese internationale Mannschaft geschlagen!

Nach dem Motto 'was sich liebt, das neckt sich' machten wir uns auch mit den zur Feriengruppe gehörenden Mädchen unseren Spaß. So wurden auf die Klinke ihrer Schlafzimmertür tote Eidechsen gebunden oder grausliche Käfer in ihren Wanderschuhen versteckt.

Apropos Schlafzimmer: Der Jungenschlafraum lag direkt neben dem der Mädchen (spätestens hier muss dem Leser klarwerden, dass wir nicht in einem Hotel, sondern in einer Baracke wohnten, die vollständig aus Holz errichtet war. Daher, für die Älteren, die schon mal probiert hatten, komplettes Rauchverbot). Ja, so war auch die dünne Trennwand zwischen den Schlafräumen aus Holz, ab und zu versehen mit Astlöchern, die gerne zu einem Peep-Kino von beiden Seiten genutzt wurden. Von Mädchenseite wurden diese jedoch bald verstopft und nur zum Austausch von Zetteln mit Liebesbotschaften wieder geöffnet.

Noch etwas zu unserem damaligen Jungen-Outfit. Von fast Allen getragen wurde die unverwüstliche kurze Lederhose mit Hosenträgern. Die Hosenträger waren meist auf dem Quersteg vor der Brust mit einem röhrenden Hirsch verziert. Eine Lederhose war das Non-plus-Ultra! Sie war robust, wasch-, bügel- und pflegefrei (machte also der Mutter null Arbeit), man konnte an ihr seine schmutzigen und fettigen Finger abwischen, und sie saß immer bequem. Vor allen Dingen durch die über Monate hinweg aufgenommenen Fettanteile konnte man sie, steif wie sie war, abends einfach in die Ecke stellen!

Auf Ferienfahrten trug ich noch etwas Besonderes, sooft es mir möglich war: Ein Käppi! Man kann sich dies in etwa wie eine jüdische Kopfkappe vorstellen, nur bunt und mit vielen kleinen Andenken-Steckern verziert, von denen es nach jeder Reise mehr wurden. Ich trug mein Käppi immer mit Stolz!

Dies waren meine Sommer-Ferienfahrten, die mir immer die Gewissheit brachten, dass mir noch viele, viele schöne und neue Dinge in der Zukunft bevorstehen werden.

Wander-(Überlebens)-Lieder

Ja, nun zu dem schon angekündigten Kapitel 'Kultur bei Wanderungen'. Hier nun unsere Lieblingsverse:

'Ein belegtes Brot mit Schinken, ein belegtes Brot mit Ei, das sind zwei belegte Brote, eins mit Schinken, eins mit Ei. Und dazu eigekühlte Coca-Cola, Coca-Cola eisgekühlt'.

Das wiederholte sich dann, bis die Stimme versagte.

Es gibt Versionen, in denen Coca-Cola auch durch 'Bommerlunder' ersetzt wird, aber damit hatten wir damals wohl noch nichts am Hut.

Oder:

'Wem Gott will rechte Gunst erweisen, den schickt er in die Wurstfabrik. Den lässt er von der Wurst abbeißen und wünscht ihm guten Appetit'.

Genial, und ich denke, dies waren echte Nachkriegs-Hits, wo Essen noch kein Luxus war, sondern echten Hunger stillen musste!

Trotz Liedern und Sprüchen mussten wir jedoch immer auf der Hut sein, auf den oft schwierigen Wanderwegen nicht ins Stolpern zu kommen.

Apropos Hut! Es gab da noch einen Reim:

'Und 1 und 2 und 3 und 4 und 5 und 6 und 7 und 8, ein Hut, ein Stock, ein Regenschirm, und vorwärts, rückwärts, seitwärts, ran'. Dies verlängerte zwar durch den Seitwärts- und Rückwärtsschritt die Wanderlänge und auch Wanderdauer, aber anscheinend half es, zumindest gefühlsmäßig schneller ans Ziel zu kommen.

Und wenn Garnichts mehr einfiel, gab es dann noch die Geschichte vom 'Umfall-Mann', und der ging so:
'Da issa wieder umjefall'n, umjefall'n, umjefall'n,
da issa wieder umjefall'n, umjefall'n.
Da hab'wirn wieder uffjestellt, uffjestellt, uffjestellt, da hab'wirn wieder uffjestellt, uffjestellt.' Und so weiter. Als das Schullandheim schließlich in Sichtweite war, hieß der Abschlussreim endlich: 'Da issa nich' mehr umjefall'n, da issa nich' mehr umjefall'n, umjefall'n.'

So, damit genug von Kultur auf unseren Wanderungen!

Stahlross-Touren

An irgendeinem Weihnachtsfest, vielleicht war ich elf oder zwölf Jahre alt, geschah mit der Bescherung das Unfassbare, dazu war es eine Überraschung: Meine Schwester und ich bekamen von unserer Oma jeder ein Fahrrad geschenkt!! Meins war ein 'Stoewer's-Greif', blau und silbern, und es funkelte, erwartungsvoll auf den ersten Einsatz wartend, unter dem Weihnachtsbaum. Es war einer der glücklichsten Tage in meinem Leben. Das Rad hatte keine Gangschaltung, aber wozu auch?

Wir pflegten unsere Fahrräder über alle Maßen. Dazu hatten sie ihren Parkplatz im Wohnzimmer unserer Oma, auf dem guten Teppich, direkt vor der Standuhr. In meinen Augen wurde das Wohnzimmer total aufgewertet. Nur wenn ich bei Regen nachhause kam, musste mit einigen Zeitungen die 'Parkfläche' abgedeckt werden.

Schnell begannen dann meine Erkundungstouren durch Berlin, und ich hatte mit meinem Schulfreund Hans-Joachim, zur gleichen Zeit Fahrrad-Eigentümer, einem willkommenen Mitfahrer. Da er schon damals in Siemensstadt wohnte, waren unsere Tour-Ziele meist die Wälder in der Umgebung, die Jungfernheide und der Tegeler Forst. Mit Stullen von zuhause versorgt, verbrachten wir oft den ganzen Tag 'im Grünen', oft unterbrochen durch ein Bad in Blumeshof am Tegeler See oder im Freibad in der Jungfernheide.

Zum Bad in der Jungfernheide eine kleine Einlage. Ein paarmal nahm uns der Vater meines Klassenkameraden Peter dorthin mit seinem Auto mit. Es gab damals in Berlin nur zwei Autobahnen, das waren die Avus und der Goerdeler Damm, Verbindung zwischen Moabit und Siemensstadt. Dieser Damm musste Richtung Jungfernheidebad befahren werden. Einmal brachen wir Kinder dabei in Jubelstürme aus, denn das Auto hatte tatsächlich 100 km/h erreicht!

Der Tegeler Forst barg auch seine Gefahren! So gerieten wir zweimal in nächste Nähe von Wildschweinherden, die in der Zeit gerade Junge bei sich hatten. Mit Leckerbissen hätte man sie beruhigen können. Die Wurststullen wollten wir aber lieber selbst behalten!

Fahrradfahren war allerdings nicht nur pure Lust, sondern brachte auch Vorsichtsmaßnahmen, Pannen, Reparaturen und ähnliche Unannehmlichkeiten mit sich. Zu den Vorsichtsmaßnahmen gehörten die exakte Befestigung von Hosenklammern an den Hosenenden, damit diese nicht in Speichen und Kette gerieten, sowie die Mitnahme von ausreichendem Reparaturmaterial für eventuelle Pannen. Das Flicken von beschädigten Radschläuchen gehörte schon bald zur Routine, eine 'Acht' im Vorderrad, hervorgerufen durch Sturz oder riskantes Fahren in unüberschaubarem Gelände, war schon eine größere Herausforderung, die dann immer beim Fahrradhändler endete, zuzüglich der damit verbundenen Kosten.

Trotzdem, das Fahrrad war aus meiner damaligen Zeit nicht mehr wegzudenken.

Die großen Trecks

Es gibt ein Alter, in dem Kinder Stoßgebete zum Himmel schicken, ähnlich wie diese: Oh Gott, bitte keine Reisen mit den Eltern, das wird öd und fad wie immer! Das ist sicher nachvollziehbar, doch dann lag es mit Sicherheit an den Eltern oder am danebengelegenen Alter der Kinder. Wir, und das waren meine Schwester Bärbel und ich, verreisten, als wir im Alter zwischen neun und vierzehn waren, gerne mit unseren Eltern, denn wir wurden umsorgt und hatten außerdem keine finanziellen Probleme. Die Freiheiten, die wir sonst brauchten, wurden ja, wie schon berichtet, bei anderen Ferienaufenthalten ausgelebt. Doch auch hier konnten wir uns austoben!

Ich möchte nun gerne von drei Reisen berichten, die wir mit unseren Eltern unternahmen, das heißt, eine davon nur mit unserem Vater.

Die erste ging nach Bayern, nach Brannenburg am Inn, zu Fuße des mächtigen Wendelsteins. Dort hatte meine Mutter entfernte Verwandte, die uns gerne in ihrem Haus beherbergten. Bayerische Häuser haben immer Platz für Gäste!

Unsere Hinfahrt fand in einem Bus statt, der von Berlin aus etliche Feriengäste in Bayern absetzte. Wir waren schließlich die letzten, da am weitesten südlich. Kurz vor Brannenburg war eine Brücke zu überqueren, die für ein Drittel des Fahrzeuggewichtes zugelassen war. Unser Fahrer meinte allerdings: Kein Problem, und fuhr los. Wir waren trotzdem sicherheitshalber vorher ausgestiegen!

Unsere Verwandten hatten einen Sohn, und der war bei den Gebirgsjägern. Er erzählte uns, dass er von Brannenburg aus den Weg zum Wendelstein-Gipfel in einer Stunde schaffe. Das spornte uns natürlich an und wir marschierten eines Tages früh los. Ich muss gestehen, dass wir den Gipfel erst nach fünf Stunden erreichten, aber das lag sicher am Schneefall, der trotz Sommers nach 4 Stunden einsetzte, also erschwerte Bedingungen! Eine hervorragende warme Leberknödelsuppe im Bergrestaurant ließ uns unser schlechtes Gewissen jedoch schnell schrumpfen, denn wir hatten den Berg trotz eiszeitlicher Bedingungen bezwungen!

Und wir machten Wanderungen durch die herrliche Umgebung, voller Wälder, Wiesen, schöner Dörfer mit noch schöneren Gaststätten, bei denen uns allerdings nur selten ein lebensnotwendiges Getränk spendiert wurde (die heutige Mahnung, mindestens 2 Liter Flüssigkeit am Tag zu sich zu nehmen, war damals anscheinend auf 0,2 Liter begrenzt. Doch es gab wohl auch keine entsprechenden Empfehlungen). Aber überlebt haben wir trotzdem! Auf diesen Wanderungen wurde auch eifrig von meinem Vater fotografiert. Das ging nicht so hoppla hopp! Denn erst musste der Belichtungsmesser herausgeholt werden, um die notwendige Umgebung mit ihrem Lichtfaktor zu erfassen, und dann musste dies in die Knöpfe der Kamera eingegeben werden. Inzwischen war die lockere Haltung von uns in Lethargie übergegangen, aber immerhin blieb die Landschaft dieselbe, es sei denn, es hatte sich eine Wolke vor das Szenario geschoben, die dann die Belichtungszeit änderte!

Auch unternahmen wir ausgedehnte Radtouren, bis nach Kufstein, um das Denkmal Andreas Hofer zu grüßen, und das bei sengender Hitze! Die oben genannte Getränke-Rationierung war auch hier ein Problem, und Andreas Hofer interessierte uns daher nicht mehr so sehr.

Eine weitere Reise war die nach Lindbergmühle im Bayerischen Wald, zu der meine Eltern meine Oma aus Lübeck eingeladen hatten, mitzukommen. Ich glaube, es war ihre erste Reise überhaupt in ihrem Leben (abgesehen von ihrer damaligen Flucht aus Pommern!), und ich glaube, sie genoss diese zwei Wochen mit uns.

Wir wohnten in einer Art Bungalow-Siedlung. Jede Familie hatte ihr eigenes kleines Häuschen, insgesamt gab es vielleicht zwanzig davon, und so waren wir Kinder auch glücklich, viele andere zu treffen. Wir veranstalteten Federballturniere (bei dem ich im Endspiel leider unterlag, da meine Hand schon voller Blasen war), spielten Cowboy und Indianer in der schönen Anlage, oder tollten ganz einfach herum.

Ich hatte schon damals eine starke Vorliebe für das Angeln. In der Nähe unserer Feriensiedlung, mitten in einem dichten Wald, gab es einen wilden Bach. In meiner Vorstellung musste es dort auch viele wilde Fische geben, nur gierig auf einen besonderen Nahrungshappen. Also bastelte ich mir eine Super-Angelschnur, versehen mit ungefähr 10 Haken in Übergröße (da ich ja große Fische fangen wollte!), bestückte die Haken mit bei Seiten geschafften Fleischresten unserer Mahlzeiten und befestigte diese geniale Erfindung an einer Wurzel, die über den Bach ragte und ließ das Ganze dort über Nacht. Der Erfolg schien sicher! Doch der nächste Tag brachte die Ernüchterung: Kein Fisch hatte angebissen, und auch meine Konstruktion war verschwunden. Es musste daher ein riesiger

Fisch gewesen sein, der die bereits kleineren, gefangenen Fische samt Angelkonstruktion verspeist hatte! Noch am Bach sitzend und grübelnd über verbesserungsfähigere Angel-Taktiken, überfielen mich derweil Pferdebremsen, und ich flüchtete stracks in mein Lindbergmühlen-'Apartment'.

Schon etwas älter, und bereits mit unseren Rädern ausgestattet, gab es die erste große Radtour. Ausgehend von einem Urlaub bei meiner Tante in Lübeck, schmiedeten mein Vater, meine Schwester und ich den Plan, eine Radtour durch Schleswig-Holstein zu machen. Warum meine Mutter ausgeschlossen war, weiß ich nicht. Entweder hätte sie den Stress nicht ertragen oder wollte in dieser Woche auch ganz einfach nur mit meiner Tante klöhnen.

Die erste Etappe ging nach Hamburg. Wo wir immer übernachtet haben, kann ich nicht mehr nachvollziehen, ich denke, es waren meist Jugendherbergen, in denen es damals schon 'Familienzimmer' gab. Das Frühstück war dennoch nicht einer Familie, sondern armen Kindern angepasst, mit einer Scheibe Brot, Margarine und Marmelade, als Hit vielleicht noch einen Kakao. In Hamburg machten wir natürlich eine Hafenrundfahrt. Hach, die große ferne Welt, von der ich immer geträumt hatte, war immerhin ein Stückchen näher gerückt.

Und dann ab in den hohen Norden, ja sogar nach Dänemark, mein erster größerer Auslandsaufenthalt! Aufgeregt und voller Enthusiasmus war ich, der sich allerdings legte, als wir auf dem Damm zur Insel Römö etwa 10

Kilometer gegen heftigen Gegenwind strampeln
mussten!

Die Jugendherberge aber dort war dänisch
herrlich und wir genossen unser erstes
Auslands-Erlebnis. Doch bevor es herrlich
wurde, noch eine kurze Zwischengeschichte:
Unser Vater meinte, die Route am Strand

entlang wäre die beste Verbindung dorthin. Nachdem wir 2 Kilometer weit unsere Räder durch den Sand geschoben hatten, schlug ich meinem Vater vor, eine Pause zu machen, und er sollte schon mal den nächsten Kilometer erkunden. Ich kampierte daraufhin mit meiner Schwester in den windgeschützten Dünen und wir machten uns über unseren Proviant her. Nach einer Stunde war allerdings von unserem Vater nichts mehr zu sehen, wir suchten daher die nächste Straße auf und radelten wohlgemut in die angedachte Jugendherberge. Dort empfing uns unser dort schon längst angekommener Vater leider mit Backpfeifen, und der Abend war gelaufen. Na ja!

Zurück ging es entlang der deutschen Nordseeküste nach Husum, der 'Stadt am grauen Meer'. Die machte ihrem Namen sprichwörtlich Ehre, da wir dort im Dunkeln, bei Regen und ohne Quartierreservierung ankamen. Nach vielen Nachfragen in Pensionen und ebenso vielen Absagen fuhren wir schließlich zur Polizei. Die Polizei, dein Freund und Helfer! Einer der Beamten hatte eine Schwester, die uns für diese Nacht ein Zimmer zur Verfügung stellen konnte.

Ziemlich geschafft kamen wir wieder in Lübeck an und ließen uns von unserer Tante nach Strich und Faden verwöhnen.

Ich muss sagen, die Reisen mit unseren Eltern waren nie langweilig, und das verdanke ich besonders meinem erlebnishungrigen Vater, obwohl er es nie so richtig gelernt hatte, dies auch so richtig umzusetzen.

Geldbeschaffung

Wie den ganzen Mammon für Eis, Leckereien und Prickel-Pit heranschaffen, wenn das Taschengeld von Eltern und Oma nicht reichte? Ich musste mir etwas einfallen lassen!

Wie schon in meinem ersten Buch erwähnt, wurde ich zum Gepäckträger, der älteren Damen und Herren half, ihre Koffer die Anhöhe bis zu S-Bahnhof Beusselstraße hochzutragen, Zwar auch recht schwierig für mich, jedoch recht einträglich.

Mein Freund Hans-Joachim kam eines Tages auf eine weitere Idee, die ich so famos fand, dass ich sofort mitmachte. Eingebettet in die Rehberge gab es einige Tennisplätze, auf denen betuchte Menschen pausenlos auf ihre Tennisbälle eindroschen. Da oft schon in fortgeschrittenem Alter, sollte das Bewegungspensum doch nicht zu intensiv werden, und so boten wir uns an, verschlagene Bälle wieder aufzusammeln und den Tenniscracks wieder in die Hand zu drücken. Wir waren 'Balljungen', die dafür fürstlich belohnt wurden. Leicht war die Arbeit nicht immer, da etliche Bälle über den die Tennisplätze abgeschirmten Maschendrahtzaun flogen und wir uns dann im dichten Unterholz auf die Suche begeben mussten. Ein nicht wiedergefundener Ball zog stets einen Rüffel nach sich uns schlug sich negativ in der abschließenden Entlohnung nieder.

Wiederum Hans-Joachim hatte ich es zu verdanken, an eine weitere Einnahmequelle zu kommen. Seine Eltern besaßen zwei Drogerieläden, in denen jährlich Inventur gemacht werden musste. Ich wurde außer ihm mit engagiert, und so waren wir bestimmt drei Tage lang am Zählen von Parfüms, Seifen, Klopapier, Fotoapparaten und Fotopapier. Das Entgelt dafür war vorher bereits ausgehandelt worden und versprach einige sorgenfreie zukünftige Wochen.

Apropos Fotosachen: Hans-Joachims Vater hatte sich in seinem Geschäft auch auf Foto-Artikel spezialisiert. Um seine Kundschaft zum entsprechenden Kauf zu animieren, lud er diese einmal jährlich zu einem Diavortrag ein, der meistens Dias vom absolvierten Sommerurlaub zeigten. Städte, Landschaften und Wanderungen durch Wälder. Beim letzten trafen sie wohl mitten im Wald auf ein Klo-Häuschen, das folgende eingeritzte Inschrift trug:

'Willst du ganz gemütlich kacken, stütz die Ellbog'n auf die Knie, stütz die Hände in die Backen, Mensch das kackt sich wie noch nie!'

Solche Sprüche merkte ich mir damals natürlich!

Einige weitere Inventuren machte ich auch in anderen Läden, die über Zeitungsannoncen Unterstützung gesucht hatten. Als Kind war man eine besonders günstige Arbeitskraft!

Nicht zu verachten war die normale Fortbewegung auf der Straße. Es gibt Leute, die schauen dabei gerne in den Himmel, um die Sonne oder das Blau zu genießen oder um einen Geldregen zu erwarten. Sie rempeln dabei natürlich notgedrungen andere Passanten an. Ich rempelte auch, aber weil ich meist nach unten schaute. Ich fand die Chance größer, hier Münzen zu finden, als auf eine Himmelsgabe zu warten. Dies sogar sehr oft mit Erfolg!

Eine einmalige Tätigkeit, die sich allerdings über vier Wochen hinzog, war der Aufbau einer Eisenbahn für den Sohn Dirk meiner elterlichen Freunde Schergaut. Da ich 100%iger Profi in diesem Geschäft war, konnte ich locker zur Tat schreiten und eine Platte aufbauen, Berge errichten, Landschaften gestalten, Gleise verlegen, sämtliche Elektroarbeiten durchführen und schließlich alles mit dahin rasenden Zügen übergeben. Highlight waren immer die leckeren Snacks zwischendurch, die von Dirks Eltern gereicht wurden, einschließlich V2-Zitronen-Limonade, die es zuhause leider nie gab.

Ansonsten war es mit weiterer Geldbeschaffung recht schwer. Aber meine Schwester und ich bekamen immerhin unser monatliches Taschengeld von unseren Eltern und ab und zu auch was von unserer Oma zugesteckt. Die hatte eine blumenverzierte Sauciere in ihrem Küchenschrank zu stehen. In die Sauciere selbst kamen die Zuwendungen für mich, in den umgebenden Rand die meiner Schwester.

Die Marzipan-Oase

Denk' ich an Marzipan, dann denk' ich natürlich an …. Lübeck! Ja, das Niederegger-Marzipan ließ mich damals schon schwach werden, und auch heute bekomme ich ähnliche Schwächeanfälle, wenn ich Lübecker Marzipan in den Händen halte. Es ist eben das Beste!

Außer Niederegger hatte Lübeck natürlich noch mehr zu bieten, so die Marienkirche (mit den im Krieg durch Bombeneinfluss heruntergefallenen Glocken), das Hansemuseum und natürlich das Holstentor.

Lübeck war, und ist noch heute der Wohnort meiner Tante 'Immi', Schwester meines Vaters, die sich mit Ende des 2. Weltkriegs auf abenteuerliche und gefährliche Flucht aus Pommern begab und schließlich hier in dieser Stadt ihre endgültige Bleibe fand. Nach Kriegsende zog auch ihre Mutter, Oma Emma, zu ihr nach Lübeck. Unsere Großmutter konnte vor allen Dingen eines unwahrscheinlich gut: Leckere Kliebensuppe kochen. Für Nicht-Pommern: Kliebensuppe ist eine süße, manchmal mit Zimt gewürzte Milchsuppe mit Mehlklößen, die so hergestellt werden, dass man den Kloßteig in die kochende Suppe fließen lässt (Wikipedia). Das Größte war, wenn noch Früchte beigemischt wurden.

Die Wohnung befand sich in der kleinen Straße 'An der Falkenwiese', und wenn ich nicht auf Ferienfahrten oder mit meinen Eltern unterwegs war, verbrachten meine Schwester und ich unsere Sommerferien bei meiner Tante, mit der Folge, dass wir stets mit einem Lübecker Akzent nach Berlin zurückkehrten. Immis Wohnung befand sich im dritten Stock, doch unter dem Dach hatte sie noch ein kleines Zimmer für Gäste, in dem wir dann unterkamen. Es war urig, mit den Dachschrägen und Holzbalken, und wir fühlten uns immer sauwohl dort oben, weit weg von den Erwachsenen, denn oft kamen auch meine Eltern für ein paar Wochen mit nach Lübeck. In Bezug auf das Dachzimmer kommt mir in Erinnerung, dass sich mein Vater auf Vorschlag meiner Tante eine Gips-Gesichts-Maske von ihr machen ließ. Der angerührte Gips wurde aufs Gesicht verteilt, zwei Strohhalme in die Nase gesteckt (zum Überleben!), und dann gewartet, bis alles erhärtet war. Lachen war nicht erlaubt. Die Gipsmaske wurde später mit einem anderen Material ausgegossen, und schon war das Gesicht unseres 2. Vaters fertig. In ein

Museum, und neben Caesar ausgestellt, ist es aber nie gekommen.

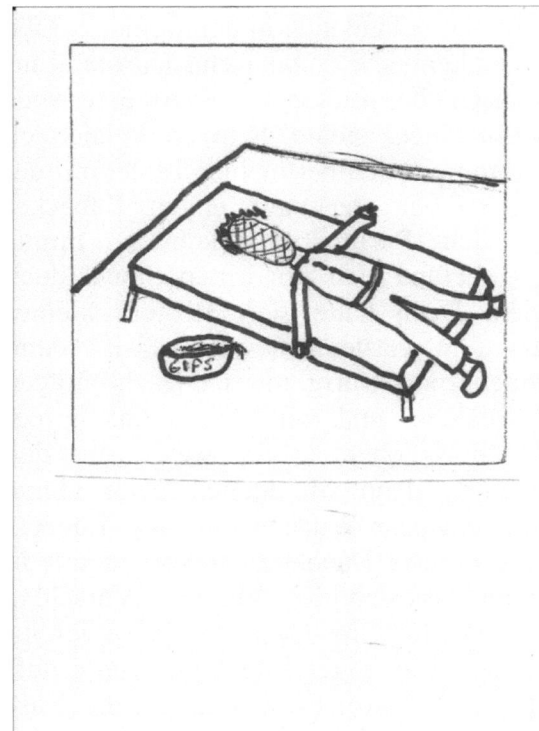

Eine weitere Begebenheit bezüglich meines Vaters fällt mir ein, wenn ich an die Marienkirche denke. Die hatte damals 700-jähriges Jubiläum, und zu diesem Anlass wurden spezielle Briefmarken herausgegeben.

Als ich viel später die Sammlung meines Vaters übernahm, waren auch diese Marken in seinem Album, laut Katalog von nicht unerheblichem Wert, da sie postfrisch waren! Leider hatte mein Vater sie mit Falz versehen und dann ins Album geklebt. Damit waren sie leider nur noch ein Zehntel wert!

Auch Immi hatte oft eine Spezialität für uns parat, nämlich eine überaus leckere Yoghurtspeise, verfeinert mit Sahne und verschiedenen Früchten. Selten blieb etwas übrig, und wenn doch, durften wir es mit zum Strand nehmen.

Die unmittelbare Umgebung war äußerst interessant für mich.

Gleich gegenüber befand sich ein großer Sportplatz, auf dem ich ab und zu versuchte, meine läuferischen Fähigkeiten zu verbessern, jedoch ohne großen Erfolg, wie sich später wieder in Berlin beim Schulsport herausstellen sollte.

Am Ende der Straße gab es den Schulgarten, ein kleines botanisches Idyll, in dem alles wuchs, was ich mir damals vorstellen konnte. Ich verbrachte viele Stunden dort, was gut für mein botanisches Grundwissen war.

Inmitten der Anlage gab es ein kleines Wasserbecken, das mir erste nautische Erkenntnisse bringen sollte. Und das kam so: In meiner Kindheit habe ich alle 'Petzi'-Bücher gelesen und geradewegs verschlungen. In einigen Geschichten war Petzi mit seinen Freunden auf einem von ihm gebauten Schiff unterwegs, getauft auf den schönen Namen 'Mary'. Ich war so begeistert von diesem Schiff, dass ich es in Berlin nachbaute, mit nach Lübeck nahm, wo es dann seine letzten farbenfrohen Anstriche bekam. Ich war stolz auf meinen Schiffsbau, der auf dem besagten Wasserbecken seine Jungfernfahrt machen sollte. Es wurde ein Desaster. Das Boot sank zwar nicht, schwamm aber nicht kerzengerade auf dem Wasser, sondern legte sich sofort auf die Seite. Katastrophe! Bis mir klar wurde, dass die Schiffsaufbauten auch ein Gegengewicht, nämlich eine schwere Kielflosse brauchten, vergingen nicht allzu viele Stunden, und so konnte die 'Mary' nach einigen Umbauten schließlich in die 2 Meter lange See stechen.

Gleich neben dem Schulgarten gab es einen Spielplatz mit meinem Lieblingsgerät, einer Schaukel. Nun war die besagte Schaukel leider meist von anderen Kindern belegt und ich hatte nicht den Mumm, nach einem Intermezzo meinerseits zu fragen, geschweige denn, andere Kinder zum Abstieg zu drängen. Doch ich hatte das große Glück, ein paar Häuser weiter in der Straße einen Jungen zum Freund zu gewinnen, der etwas älter und vor allen Dingen größer war als ich. Der sorgte dann dafür, dass die Schaukel für mich geräumt wurde, mit dem Hinweis, dass ich Gast aus der Weltstadt Berlin sei und damit weitreichende Präferenzen hätte.

Am Ende der Straße schloss sich ein kleiner Park an, und hinter diesem erstreckte sich die 'Wakenitz', ein circa 15 Kilometer langes Gewässer, das dem Ratzeburger See entspringt und in Lübeck in die Trave mündet. Die Wakenitz bildet über weite Strecken die Grenze zwischen Schleswig-Holstein und Mecklenburg und wird wegen ihrer Urwüchsigkeit gelegentlich auch 'Amazonas des Nordens' genannt. Na gut, ich hatte jedenfalls andere Vorstellungen vom Amazonas!

Die Wakenitz habe ich vor allen Dingen aus zwei Gründen gut in Erinnerung:

Zum einen gab es dort gleich um die Ecke eine Badeanstalt, in der ich tatsächlich nach einigen Übungsstunden im recht kalten Wakenitz-Wasser meinen Freischwimmer erwarb. Aber das war schon ein paar Jahre her. Dieses Freibad wurde schon 1899 eröffnet, bestand zu meiner Zeit immer noch aus hölzernen Umkleideräumen und Badestegen, und steht heute unter Naturschutz. Die das Bad einrahmenden Holzpfähle waren mit scharfkantigen Muscheln bestückt, und so geschah es eines Tages, dass sich meine Schwester an diesen den Fuß aufriss. Diese Wunde musste dann unter Schmerzen genäht werden. Sie tat mir so leid!

Meine Tante Immi hatte eine Freundin, Helga, deren besondere Eigenschaft war, dass sie ständig furzen musste. Darüber sahen wir doch geflissentlich hinweg, denn sie besaß in einem Bootshaus auf der gegenüberliegenden Seite der Wakenitz etwas Besonderes: Einen Canadier! Sooft es möglich war, paddelten wir mit diesem, das heißt, meist unsere Eltern, die Wakenitz entlang, bis wir nach circa 10 Kilometern 'Müggenbusch' erreichten, ein idyllisch gelegenes Restaurant, das für uns Kinder vor allem diese Spezialität bot: Leckeres Speiseeis!

Auf dieser Bootstour, gerade auch, wenn wir im Schilf eine kleine Pause machten, überfielen uns oft lästige Mückenschwärme, sodass ich unsere Bootstouren meist als Fahrt nach 'Mückenbusch' bezeichnete.

Hinsichtlich der Bootsausflüge muss ich hier doch noch einen Bericht einfügen, bei dem ich allerdings nicht dabei war:

Mein Vater, meine Mutter und meine Tante Immi waren mit dem Boot unterwegs, als Immi irgendwie mal 'musste' und sich über die Bootsseite in Stellung brachte. Mit dem Erfolg, dass der Kahn kenterte, Gott sei Dank aber in der Nähe ihrer Wohnung. So machten sich alle, nur in nasser Unterwäsche bekleidet, die Falkenwiese entlang, zu Immi's Wohnung. Ob es wirklich so war, kann ich allerdings nicht bezeugen, aber so wurde es erzählt.

Gab es doch einmal einen Regentag, was allerdings sehr selten vorkam, beschäftigten wir uns irgendwie im Hause. Meine Schwester hatte eine 'Strickliesel' mitgenommen. Damit konnte man unter zu Hilfenahme von Wolle endlose Stricke flechten. So kam sie eines Tages auf die Idee, in den 4. Stock zu ziehen und im Treppenhaus Stricke zu fabrizieren. Wir wechselten uns ab, bis der Strick das Erdgeschoss erreicht hatte. Damit war ein Regentag abgehakt.

Die Highlights allerdings waren immer die Ausflüge zum Seebad Travemünde. Die 16 Kilometer durchstrampelte unsere Familie per Fahrrad, immer an ausgedehnten Wäldern entlang. Diese luden insofern zu kleinen Verschnaufpausen ein, da sie voll von

Blaubeeren und Walderdbeeren waren. So war das Problem mit dem Tagesproviant schon halbwegs gelöst.

In Travemünde angekommen, wurde natürlich ein Strandkorb gemietet. Mit der obligatorischen Kurtaxe musste mein Vater für damalige Zeiten ganz schön tief in die Tasche greifen, aber so ist das, wenn man sich in einem mondänen Seebad vergnügt. Völlig aus der Fassung war er, als wir von ihm eine Flasche Coca-Cola erbettelten, die ein fliegender Strandhändler anbot. Sie kostete nämlich unglaubliche 1 D-Mark! Dies war, glaube ich, die letzte Cola, die ich von meinem Vater Zeit meines Lebens spendiert bekam.

Doch der Strand war herrlich. Wir genossen das Wasser, bauten am Ufer kleine Burgen aus Kleckerpampe und eine große Burg mit beachtlicher Höhe um unseren Strandkorb herum. Erst einmal am buddeln, untergruben wir heimlich den Strandkorb auf der hinteren Seite, bis er schließlich plötzlich nach hinten kippte. Wir hatten unseren Spaß, unsere nach hinten abgekippten Eltern weniger.

Ein Sommer war nicht ganz so schön an der Ostsee, als nämlich, bedingt durch

Temperaturen und Strömung, das Wasser von Quallen bevölkert war, die schmerzhafte Verbrennungen verursachten. Das Baden war daher sehr eingeschränkt. Eine Alternative dazu war (auch wegen weniger Quallen) der Strand von Priwall, bevor man Travemünde erreichte. Dort gab es auch keine Kurtaxe und Strandkörbe. Um zu ihm zu gelangen, musste man mit einer Fähre über die Trave übersetzen. Nach ungefähr 500 Metern war der Strand dann plötzlich zu Ende, weil dort die Grenze zur DDR verlief und ein bestimmter Sicherheitsabstand eingehalten werden musste.

Ab und zu kam in den Ferien unsere Cousine Monika aus Kiel nach Lübeck. Sie war ungefähr im gleichen Alter wie wir und das Herumtollen am Strand machte dann noch mehr Spaß. Waren die Eltern am Baden, belegten wir natürlich flugs den Strandkorb und fühlten uns mit unseren Sonnenbrillen wie Millionäre.

Action-Bühne frei

Was hatte ich eigentlich bisher über meine Freizeit-Aktivitäten berichtet? Klar, als ich kleiner war, die Spiele auf der Straße, Durchforsten von Trümmergrundstücken und Durchstreunen der näheren Umgebung mit Freunden. Zuhause war es das Lesen, das Basteln mit Lego, der Stabilbaukasten und die Eisenbahn. Diese vier Dinge habe ich allerdings recht lange beibehalten, insbesondere den weiteren Ausbau meiner elektrischen Eisenbahn. Es gab mehr Gleise, mehr Züge, mehr Änderungen in den Aufbauten, mehr Unfälle (immer wieder in den Tunneln!), mehr Gerüche in der Wohnung, wenn ich Knochenleim für die Stabilisierung der Berge brauchte.

Doch mehr und mehr verlagerten sich die Interessen in andere Richtungen, und ich will einige davon näher beschreiben.

Erstens in die Fotografie. Aufgrund meiner 'Connection' zu dem Drogerie-Vater meines Freundes erwarb ich bald einen für mich leicht zu bedienenden Fotoapparat, nämlich eine 'Agfa Clack'. Es waren nur 3 Blenden und 3 Belichtungszeiten einzustellen. Dies machte man nach Gefühl. Die Fotos gelangen damit fast immer, jedoch hatte ich damals noch wenig Erfahrung in der Auswahl der richtigen Motive, der Vorder- und Hintergründe, der Perspektiven, und sowieso. Ich erinnere mich an eine meiner Ferienfahrten, bei der ich ein tolles Foto 'Schaf auf der Weide' schoss. Technisch war das Foto perfekt, doch leider war das Schaf so weit entfernt, dass man es auch für eine Kuh oder ein Huhn halten konnte. Aber der Himmel und die Wiese waren schön getroffen und ich schoss weiterhin wunderschöne Fotos, die sich heute aus unerfindlichen Gründen leider nicht mehr in meinen Fotoalben befinden.

Zweitens in die Fischerei. Abgesehen von meinem bereits erwähnten Fisch-Jagdtrieb in Lindbergmühle fand ich Angeln eigentlich immer langweilig. Wenn das Wörtchen 'eigentlich' nicht wäre! Mein Vater hat mich angesteckt! Vom Westhafen ausgehend, nicht weit von unserer Beusselstraße entfernt, zog sich der Hohenzollernkanal nach Westen, ein ideales Revier für Hobby-Angler, von denen es damals noch nicht so sehr viele gab, und wenn doch, in anderen fischreicheren Gegenden Berlins!

Auf jeden Fall war damals mein Vater als 'Fischer' an den 'Hohenzollern-Banks' tätig, ausgerüstet mit einer Bambus-Rute, Schnur, Schwimmer und einfachen kleinen Haken, denn große Fische waren dort nicht zu fangen, oder wir hatten einfach nicht die notwendige Fischer-Erfahrung.

Also, eines Tages begleitete ich ihn und wurde auch Angel-Fan! Wir besorgten uns beide sogar einen Angelschein, und dann konnte das Wetteifern um den größtmöglichen täglichen Fang beginnen! Ich war sehr penibel in meinen Vorbereitungen, sammelte zuhause Anis-getränkte Brotköder, besorgte fisch-mundige Würmer im Aquarienladen, die dann zu

Schrecken meiner Mutter im Küchenschrank aufbewahrt wurden. Ich hatte auch keine Bedenken, an feuchten Tagen Regenwürmer aus dem Boden zu ziehen, um diese dann den Fischen als besonderes Leckerli zu präsentieren.

Mein Vater und ich, oft stundenlang schweigend nebeneinander stehend, um die Fische nicht zu verschrecken, packten dann am Ende des Tages unsere Beute zusammen, um sie zuhause der endgültigen Zubereitung, die nur meine Oma durchführen konnte, zuzuführen.

Um ehrlich zu sein: Länger als 15 cm waren diese Fische nie, dazu viele mit sehr knorpeligen Gerüst, was meine Oma zu negativen Bemerkungen wegen der schwierigeren Zubereitung veranlasste.

Notgedrungen gab es an diesem Abend zuhause Fisch!

Eine zweite Delikatesse aus dem Hohenzollernkanal waren Krebse. Unter jedem fünften Stein in Ufernähe saß ein Krebs, der erst einmal erschreckt war, wenn man ihm seinen schützenden Stein weghob, und noch panischer reagierte, als man ihn dann mit zwei Fingern schnell am Panzer packte und in eine Tüte versenkte.

Mit der Zubereitung war meine Oma noch mehr gefordert, denn die armen Krebse wurden in kochendes Wasser geworfen, um dort ihren Kanalgeist aufzugeben. Nachträglich gesehen, war die Essens- und Delikatess-Ausbeute auch ziemlich gering.

Drittens die Wissenschaft. Mit den ersten Schul-Erfahrungen aus Physik und Chemie erwachte in mir der zwingende Drang, das neue Wissen auch in der Praxis auszuprobieren, und wenn es auch nur darum ging, dem neu erworbenen Wissen auch tatsächlich Glauben zu schenken.

Der erste Versuch betraf die Elektrizität, nämlich der Behauptung, dass ein Wechselstrom- Kabel, mit den 2 Enden ins

Wasser geführt, schließlich an beiden Polen unterschiedliche Gase produziert. Ich nahm mir also die nächstgelegene Steckdose, verband ein 2-adriges Kabel mit ihr und führte die Enden in unser Waschbecken. Es entstanden tatsächlich zwei sprudelnde Quellen, doch ich war leider nicht soweit ausgerüstet, um mit Reagenzgläsern diese Gase aufzufangen. Nachträglich gesehen, war es vielleicht mein Glück und damit verbunden, eine höhere Lebenserwartung. Erst später lernte ich außerdem dazu, dass bei Wechselstrom an beiden Polen entzündbares Knallgas entsteht!

Ein weiterer Versuch war der Vorschlag im Chemiebuch, schwarzen Schnee zu erzeugen. Erst ungläubig, folgte ich dann schließlich der Gebrauchsanleitung. Es war ganz einfach: Benzin oder ein ähnliches Mineralöl anzünden, und schon entstehen schöne schwarze Flocken. Tatsächlich herrlich anzusehen! Doch leider fand dies in unserer Küche statt, und meine Mutter war nicht gerade erfreut über die schwarz getünchte Möblierung.

Weitere Versuche wurden daher weit weg von unserer Wohnung durchgeführt. Überlebt habe ich sie alle!

Viertens der Sport. Nach Schulsport und erstes Schlittschuhlaufen auf dem Neuen See interessierte ich mich besonders für eine spezielle Sportart: Das Skilaufen. Wie es dazu kam, kann ich nicht mehr nachvollziehen. Vielleicht waren es die ersten Versuche in Brannenburg oder die perfekten Darbietungen bei den Olympischen Spielen, die ich im Fernsehen verfolgte. Auf jeden Fall wollte ich mit Skifahren beginnen. Denn Schnee war immer etwas Besonderes für mich und auch eine Art Herausforderung.

Wie ich zu den Skiern kam, kann ich nicht mehr nachvollziehen. Es mag sein, dass ich ein paar ausrangierte Holzskier aus Brannenburg mitgenommen hatte. Dies waren Skier mit einstellbarer Seilzugbindung, das heißt, man konnte fast mit normalen Schuhen laufen, nur Filz-Hausschuhe waren nicht so geeignet. Nach jedem Gebrauch musste die Lauffläche der Skier abgeschliffen und jedes Mal mit einem roten Anstrich versehen werden, um ein optimales Gleiten zu ermöglichen.

Die ersten Versuche startete ich in den Rehbergen, denn da waren sanfte Hänge die Regel. Das Hauptproblem bestand darin, dass ich keinen Skilehrer hatte und, was äußerst unbefriedigend war, auch noch nicht bremsen konnte. So fuhr ich regelmäßig in die am Ende des Hügels stehenden Büsche, die mich dann zum Stoppen brachten. Der Spazierweg, der vor den besagten Büschen vorbeiführte, war stets von Fußgängern bevölkert, die an nichts Böses dachten. Doch meine rechtzeitigen Warnschreie machten sie auf mich aufmerksam.

Es sei jedoch hier angemerkt, dass ich später wohl bremsen konnte, Steilhänge (zwar mit Herzklopfen) befuhr und sogar recht stattliche Schwünge vollbrachte. Ein perfekter Skifahrer ist jedoch aus mir nie geworden. Doch ich habe mich, allerdings erst während meiner Ruder-Zeit, intensiv dem Langlauf zugewendet.

Noch mehr Ernst im Leben

Nach 6 Jahren Grundschule wurde es schließlich richtig ernst, denn der Sprung zum Gymnasium war geschafft! Der Ernst hieß 'Heinrich-von-Kleist'-Gymnasium und lag nur circa 10 Minuten Fußweg von meiner Beusselstraße entfernt. Es war ein eindrucksvolles Backstein-Gebäude in der Levetzowstraße und ich mochte beide Namen. Levetzow, da, wie ich später recherchierte, Ulrike von Levetzow die letzte Geliebte von Goethe war, und Heinrich von Kleist der Schule etwas Elitäres vermachte.

Mit Start am Gymnasium hatte ich auch neue Freunde, meine Klassenkameraden Hans-Joachim (siehe auch vorher: Drogerie-Sprössling) und Norbert, die beide in meiner Umgebung wohnten. So trafen wir uns fast jeden Morgen zum gemeinsamen Schulweg, bei dem auch die letzten Hausaufgaben verglichen wurden. Vorbei ging es an einem Eisladen in der Gotzkowskystraße, der morgens leider noch geschlossen hatte, jedoch dann umso öfter nachmittags auf dem Rückweg frequentiert wurde.

Noch etwas zu unserer Kleidung. Es war die Zeit, in der auch wir Jungs uns 'herrengemäß' kleideten, wegen unseres bereits fortgeschrittenen Alters. So war es üblich, einen Mantel zu tragen, mit Hut dazu! Heimliches Zigarettenrauchen war genauso männlich, und so wurden ab und zu 'Zuban' und 'P3' aus dem Automaten gezogen.

Doch nun zum Unterricht. Es war damals noch immer üblich, aufzustehen, wenn der Lehrer das Klassenzimmer betrat. Eine leichte Handbewegung von ihm ließ uns dann wieder hinsetzen. Ich will hier nur kurz auf die verschiedenen Unterrichtsfächer eingehen, doch einige von Ihnen näher kommentieren.

Unser Klassenlehrer, bei dem wir Deutsch und später auch Latein hatten, war ein kleiner, sympathischer, leptosomer Typ, Junggeselle, noch recht jung, doch schon mit Halbglatze. Der Unterricht bei ihm war angenehm, und wenn er einmal wieder eine Nacht durchgezecht hatte, setzte er sich hinter sein Klassenpult, sank in eine bequeme Stellung, und ließ uns Schüler der Reihe nach aus irgendeiner Weltliteratur vorlesen. Dies sollte vor allen Dingen die exakte deutsche Aussprache fördern. Er war sich aber auch nicht zu schade, selbst den Sisyphos vorzulesen, und dies, obwohl er leicht lispelte. Unverhohlene Gaudi in der Klasse!

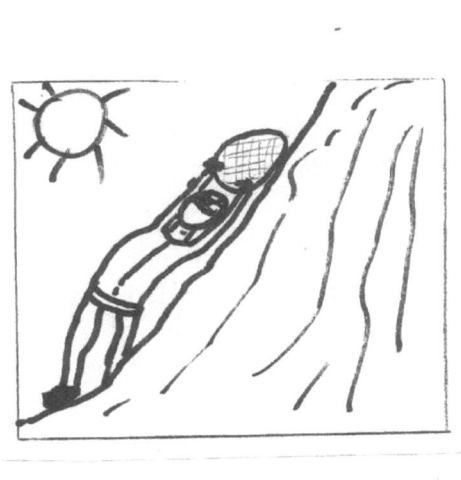

Die erste Lateinstunde benutzte er dazu, uns klarzumachen, dass Latein eine praktische und lebendige Sprache ist. Da der Wind in das Klassenzimmer zog, schloss er das Fenster und meinte dazu: 'trahit' (es zieht). Die Aufklärung folgte auf dem Fuß. Das Grundverb ist 'trahere' (ziehen), das sich allerdings auf eine Fortbewegung bezieht (siehe auch 'Traktor') und mit Windbewegungen nichts am Hut hat. Latein war im Wesentlichen büffeln von Vokabeln und das krampfhafte Lesen des 'Bello Gallico'.

Unser Mathelehrer war ein kleiner, runder und gemütlicher Mensch, der seinen Unterricht ohne viel Aufheben durchzog, immer auch mal ein paar nette Worte für uns Schüler hatte, und die Unterrichtsstunde nie ohne eine Anekdote, meist aus der Kriegszeit, abschloss.   Hier ein Beispiel:
'Es war gegen Ende des Krieges und meine Wohngegend war von den heftigen Luftangriffen ziemlich zerbombt. Eines Tages kam ich nachts nach Hause und es war stockdunkel. Ich quälte mich, da ich einen Stock benötigte, die drei Treppen zu meiner Wohnung empor, wobei ich einmal unterwegs stürzte. Ich musste schließlich vor meiner Wohnungstür stehen, doch wegen der Dunkelheit sah ich absolut gar nichts. Doch ich fühlte einen starken Windzug, der meinen

Körper frösteln ließ. Ich versuchte, mich mit meinem Stock vor zur Tür zu tasten, doch dieser fand keinen Boden mehr, weder vorne noch hinten. Ich versuchte es noch ein paarmal. Angst überkam mich, denn die einzige Erklärung war, dass ich auf einem Träger stand, mit nichts um mich herum! Was sollte ich tun? Die einzige Chance war, abzuwarten, bis es hell wurde. Das tat ich dann auch. Als die erste Morgendämmerung anbrach, war auch meine Angst wie verflogen, als ich meinen Stock betrachtete: Er war bei dem Sturz abgebrochen!'

Unsere Französisch-Lehrerin tat sehr Französisch, so sagte sie nicht 'oui', sondern 'ouich', was ihr wohl Anerkennung hinsichtlich ihrer detaillierten Kenntnisse der französischen In-Szene bringen sollte. Französisch war nicht mein Superfach, und so hatte ich mit ihr so eine Art stillschweigende Übereinkunft, dass ich selten im Unterricht gefordert wurde, aber dann auf dem Zeugnis immer mit einer '4' vorliebnehmen musste!

Später bekamen wir einen Französisch-Lehrer, ein älterer Herr, Frankreich-Fan, der nebenher versuchte, uns französisches Lieder-Kulturgut zu vermitteln, so natürlich die 'Marseillaise',

'Trois jeunes tambours' und viele weitere ältere Hits. Er machte mit uns noch eine Klassenfahrt nach Paris. Doch darüber später in meinem Bericht.

Der Englisch-Lehrer sah schon sehr englisch aus mit seiner kerzengeraden, militärisch anmutenden Figur und seinen aristokratischen Gesichtszügen. Er hatte jedoch ein Problem, das heißt, wir hatten es eigentlich, denn bei Aussprache des englischen 'th' sammelten sich leider Speichelteile vor seinem Mund, die irgendwann durch das Klassenzimmer flogen. Dies betraf natürlich vor allen Dingen die ersten Sitzreihen, die versuchten, vor Unterrichtsbeginn möglichst nach hinten zu rücken. Aber so viel Platz gab es ja da auch nicht mehr!

Unser Kunstlehrer war ein kleiner Chaot, aber
darum war er sicher in diesem Lehrerberuf gut
aufgehoben. Schon sein Kunst-Lagerraum
hinter dem Klassenzimmer glich einer Messi-
Werkstatt, aber immerhin fand er sich dort
zurecht. Doch er inspirierte uns zu vielen

unterschiedlichen Dingen. So mussten wir einmal Verkehrs-Überwachungs-Türme für Straßenkreuzungen entwerfen, ein andermal Vogelkäfige für unsere Schulaufführung 'Des Kaisers Nachtigall' basteln. Eines Tages fiel ihm ein, mich zu fragen, ob ich nicht einen berühmten Maler namens Laabs in meiner Verwandtschaft hätte. Ich überlegte lange, bis mein Sitznachbar mir den entscheidenden Hinweis gab, dass ich doch so einen Onkel hätte!

Im Zeichnen war ich eine Niete und konnte vor allen Dingen keine Personen zeichnen. (Wie in meiner Einleitung erläutert und überall anerkannt, hat sich das im Laufe der Jahre grundlegend geändert). So ließ ich Personen auf meinen Zeichnungen immer von meiner Klassenkameradin Beate abbilden. Dies tat sie uneigennützig für viele meiner Mitschüler.

Der schönste Kunstunterricht war der, wenn mit Ton gearbeitet wurde. Hier konnte man so richtig naturverbunden in der Masse rummanschen und sogar noch was etwas Ansehbares hervor formen. Bei mir waren es immer einfache Artefakte, wie zum Beispiel eine Birne, oder wenn es hochkam, ein Seehund.

Mit dem normalen Unterricht schien ich nicht ausgelastet zu sein, denn zusätzlich belegte ich noch AG's, Arbeitsgemeinschaften, die nach den offiziellen Unterrichtsstunden stattfanden. Diese waren die Mathe-, Physik- und Foto-AG. Mathe eigentlich deswegen, weil ich nach der 10. Klasse den 'sprachlichen' Zug gewählt hatte, der Latein beinhaltete, und ich Bedenken hatte, dass mir Zuviel vom Wissen über Mathematik verloren gehen könnte. Außerdem hatte ich unwahrscheinlich Spaß an Kurvendiskussionen, Parabeln und Gleichungen. Physik aus generellem Interesse. Und die Foto-AG, da mir bald klar wurde, dass nach dem 'Schaf auf der Wiese' aus mir endlich einmal ein weltberühmter Fotograf erwachsen musste! Es dauerte eine Weile, und ich habe auch die oft bissigen Kommentare meines (Chaoten)-Kunstlehrers ertragen, wenn das Schaf immer noch nicht die richtige Form hatte. Auch ein Foto mit einer von Mohnblumen übersäten Wiese gefiel ihm nicht (zu profan!). Also besann ich mich auf meinen Bauingenieur und fotografierte Kräne, vor Baugruben, gegen den Himmel, morgens, abends und nachts. Das gefiel!

Heute will ich jedenfalls Ausstellungen mit den damals von mir erstellten Fotos machen!

Ansonsten lief der Unterricht in unserem Gymnasium ohne größere Zwischenfälle ab, abgesehen davon, dass ein Mitschüler Stinkbomben in die Toilettenräume und in das Lehrerzimmer warf. Er war dann auch an der Schule nicht mehr gesehen.

Dann hatten wir noch einen 'Bio-Raum', in dem wir in den Pausen bei unserem Biologie-Lehrer, der diesen Raum betreute, Pflanzen, Fische, Reptilien und andere Spezies besichtigen konnten. Im Biologie-Unterricht achtete dieser Lehrer auch strikt darauf, dass wir saubere und geschnittene Fingernägel hatten und machte so seine Runde durch das Klassenzimmer. Sünder wurden in seinen Bio-Raum geschickt und mussten sich dort restaurieren.

Ein paar Anmerkungen zu unseren Schulpausen, die im Sommer (ich weiß nicht mehr, ob auch im Winter?), die sich auf unseren groß angelegten Pausenhof abspielten. Abgesehen von ein paar Gruppen, die sich an den Rändern des Hofes zu kleinen Gruppen zusammengefunden hatten, oder dort auch alleinstanden, zog die Mehrheit der Schüler in diesem Hof seine Kreisrunden in gemächlichem Schritten, allein, in Gruppen, aber immer entgegen des Uhrzeigersinns. Einige Alternative oder Querdenker (von denen es damals noch nicht viele gab) liefen anders herum. Die meisten mit ihren Pausenbroten in der Hand, von zuhause mitgebracht, meist in stullengeformten Aluminiumbüchsen. Wurde kein Getränk mitgenommen, konnte man dies in

Form von Milch oder Kakao in einem kleinen Raum für wenig Geld gleich neben dem Pausenhof erwerben.

Und dann geschah es! Eines Tages erschien eine Mitschülerin (eine Klasse unter mir) mit grünen Strumpfhosen auf dem Schulhof. Sie war eh' die Hübscheste auf der Schule, und dann das! Alle Mädchen zwar neidisch bis ungehalten, doch wir Jungs waren fertig, zu Boden geschmissen und schmachtend! Sie drehte ihre Runden und wir standen nur bewundernd in unserem Pausenkreis. Und dann wurde diese Schönheit, die sicher auch bei vielen jungen Lehrern heftige Gefühle auslöste, auch noch bei sogenannten 'Umläufen' (das waren Mitteilungen, die in der gesamten Schule verbreitet werden sollten), durch die Klassen geschickt, um diese zu verlesen. Der Unterricht war danach vergessen!

Doch zurück zu körperlichen und weniger emotionalen Dingen (na ja, beides hängt doch trotzdem miteinander zusammen, zumindest was zwischenmenschliche Beziehungen betrifft, die ich damals das erste Mal erfühlte). Doch ich meine hier den Schulsport. Meine Sportsachen, das waren Turnschuhe, Turnhose und Turnhemd, wurden immer in einem kleinen schwarzen Turnbeutel verpackt. Im Sommer ging es oft auf einen circa 15 Minuten entfernten Sportplatz, der nicht die besten Erinnerungen für mich aufkommen lässt. Denn erstens war ich im Vergleich zu meinen Klassenkameraden klein und schwach, im Laufen daher nur durchschnittlich, und im Kugelstoßen katastrophal. So traf ich in den seltensten Fällen die Sandgrube, sondern höchstens die hölzerne Umrandung, wenn überhaupt. Ich möchte mich daher über Sport nicht weiter auslassen!

Ein gewisses Kulturprogramm wurde an unserer Schule natürlich auch durchgezogen. So wurde unsere Klasse eines Tages dazu verdonnert, ein Theaterstück aufzuführen, nämlich 'Des Kaisers Nachtigall'. Ich erhielt glücklicherweise nur eine kleine Nebenrolle als Küchenjunge. War mir recht, denn damals hielt ich mich mit allen Dingen hinsichtlich Öffentlichkeit sehr zurück.

Ein Highlight meiner Gymnasiumzeit waren die Klassenfahrten. Ich glaube, es waren nur drei, doch ich habe sie einigermaßen in Erinnerung.

Die erste ging in den Bayerischen Wald, und das Landschulheim kannte ich schon von früher. Viel Erinnerungen daran habe ich nicht mehr, nur das wir viele Ausflüge machten, an die Donau, nach Passau und nach Regensburg, dazu eine Donau-Kreuzfahrt, auf der ich mit einem Wiener Jungen in meinem Alter ins Gespräch kam. Leider verstand ich sehr wenig, da ich damals zwar norddeutsche, aber noch keine Kontakte nach Bayern und Österreich hatte.

Die zweite Fahrt hatte Borkum zum Ziel. Wir waren schon etwas älter, und vielleicht dachte unser Lehrer: Da können meine Schützlinge zumindest nicht auf dumme Gedanken kommen. Borkum war langweilig! Wir machten einen Ausflug nach Groningen in Holland, bei trübem Wetter und dortigen Einkauf von Käse, aber ansonsten war nach meinen Erinnerungen weiter nichts los. Ein Mitschüler turtelte mit Francis aus unserer Klasse, und sie waren zu aller anderen Neid oft stundenlang auf Spaziergängen unterwegs. Francis war eben die Schönste und Begehrenswerteste in unserer Klasse!

Dann die dritte Fahrt nach Paris, und hier greife ich ein bisschen vor, da sie eigentlich in einer späteren Zeit als in diesem Buch beschriebener Epoche stattfand. Aber sie ist wichtig. Die Reise wurde, wie schon oben erwähnt, von unserem alten Französischlehrer organisiert und auch geleitet. Schon vor Abreise wurden Kontakte zu französischen Gasteltern geknüpft, natürlich mit entsprechend alten Kindern, bei denen wir wohnen sollten. Es war spannend, denn bei der Ankunft in Paris wurden wir entsprechend 'verteilt'. War es ein hübsches Mädchen/Junge? Und wie meisterte man die erste Konversation auf Französisch?

Ich hatte Glück, zwar war das Mädchen nicht das Hübscheste, doch äußerst nett, auch die

Familie. Ich muss dazu anmerken, dass wir uns im Jahr 1962 befanden, nicht so sehr viele Jahre vom 2. Weltkrieg entfernt. Also fragten mich die Eltern auch über die Aktivitäten meines Vaters während dieser Zeit aus. Doch ich konnte sie guten Gewissens beruhigen. Außerdem waren sie darüber erfreut, dass ich Ruderer war und über die Erfolge des französischen Zweiers bei den Olympischen Spielen informiert war.

Besuche im Louvre, Bois de Boulogne, Tour Eiffel und weiteren Sehenswürdigkeiten in und um Paris waren natürlich Pflichtproramm.

Unser Aufenthalt in einer Herberge in der Rue de St. Denis war locker. Wir befanden uns mitten in einem Nutten-Viertel, und einer unserer Klassenkameraden brüstete sich sogar damit, einen Besuch gewagt zu haben. Wir lebten 'französisch', was hieß, dass abends von allen Geld eingesammelt wurde, um damit Rotwein und Baguettes zu kaufen. Es wurden lustige Abende, und unser Lehrer war dann oft schon im Bett. Ach ja, es kam auch noch eine Lehrer-Assistentin mit. Vielleicht lag es daran.

Wir stechen in See

Zurück nach Berlin, und hier sollte noch ein für mich sehr spannendes Kapitel beginnen. Nämlich das mit der Berliner Schifffahrt. Eines Tages kam es meinem Vater in den Sinn, sich der Seefahrt zuzuwenden, und da dies in Berlin hinsichtlich großer Fregatten nicht möglich war, beschloss er, sich einen Canadier, so ein Indianerboot zuzulegen. Das war schnell getan, und bald hatte er auch in Haselhorst am 'Alten Berlin-Spandauer Schifffahrtskanal' einen Bootsschuppen gefunden, in dem unsere neue Errungenschaft eingelagert werden konnte. Haselhorst lag ungefähr 10 Kilometer von der Beusselstraße entfernt, darum immer mit dem Fahrrad gut erreichbar.

Das Boot war schon etwas älter und bedurfte daher ständiger Pflege. So musste stets im Frühjahr, vor dem Sommereinsatz, das Boot fit gemacht werden, mit Abdichtungen der Fugen, einem neuen Anstrich und generellen Verbesserungen.

Die Vorbereitungen für unsere familiäre Bootsfahrt waren beachtlich: Es mussten Taschen mit Lebensmitteln gepackt werden, ziemlich speziell für eine Weltumfahrung ausgerüstet, sowie Dinge, die für eine längere Odyssee notwendig waren, wie Kissen, Luftmatratze und Badesachen. Drei bis vier vollgepackte Taschen waren das Minimum. Damit war schon die 10 Kilometer lange Fahrradtour zum Bootshaus ein aufwendiges Unterfangen, da alles auf den Gepäckständern verstaut werden musste. Am Bootshaus angekommen, beaufsichtigten meine Mutter und meine Schwester die Taschen, während ich und mein Vater den Canadier zu Wasser brachten. Nachdem alles gleichgewichtig platziert war, einschließlich mich und meine Schwester in der Mitte auf der Luftmatratze, konnte es losgehen. Mein Vater saß im Heck, da er von dort aus besser steuern konnte, und auch besser meine Mutter vorne beobachten konnte, ob sie wirklich das Paddel kräftig durchzog oder nur so durchschwimmen ließ. Ich hatte ab und zu die Aufgabe, Wasser aus dem Boot zu schöpfen, da die winterlichen Reparatur- und Abdichtungsarbeiten wohl doch nicht 100%ig erfolgreich waren.

Unser erster Stopp (oft auch der endgültige) war meist Blumeshof, denn dort konnte man den schönen Strand genießen und sich Leckereien aus dem Restaurant holen. Aber auch Touren nach Heiligensee oder Rundfahrten um den Tegeler See wurden unternommen.

Unsere Badekleidung war zeitgemäß, das hieß, auf besonderen Chic wurde kein großer Wert gelegt. So trug mein Vater eine dunkelrote Strickbadehose, die, sobald sie Wasser berührte, sich bis in die Kniekehlen ausdehnte. Gegen die Sonne bastelte er sich meist eine überdimensionale Kopfbedeckung aus der mitgenommenen Zeitung.

Viel zu selten kam eine Klassenkameradin meiner Schwester mit. Das war irgendwie prickelnd und aufregend, so mit einem fremden, hübschen Mädchen auf (Fast)-Tuchfühlung im Boot zu sein. Ich versuchte aber, mich immer anständig zu benehmen!

Unser Canadier erhielt in diesen Jahren zwei wesentliche Verbesserungen, die ausschließlich der oft anstrengenden Paddelarbeit zuzuschreiben waren.

Erstens einen Außenbordmotor (der übrigens auch immer auf dem Fahrrad transportiert werden musste, denn er könnte ja im Bootshaus geklaut werden), der uns schließlich größere und längere Strecken leichter zurückliegen ließ. Oft jedoch fiel aus unergründlichen Dingen der Motor aus, oder es war vergessen worden, Ersatzbenzin mitzunehmen. Aber die Paddel waren ja immer griffbereit!

Zweitens hatte mein Vater eines Tages die grandiose Idee, ein Segel zu installieren, wohl auch wegen der zeitweise auftretenden Probleme mit dem Motor. Gesagt, getan! Ein circa 5 m2 großes Segel wurde gebaut, samt den dazu notwendigen Befestigungs-Konstruktionen im Boot. Wir genossen das neue Segelgefühl, ohne Motor und ohne Paddeln. Der Motor blieb immerhin doch noch am Canadier im Fall von Windflauten befestigt, denn man weiß ja nie.

Wenn der Rest der Familie mal keine Lust auf Bootsfahrt hatte, paddelte mein Vater mit einem Arbeitskollegen los. Dieser war von Geburt an blind und daher war es für ihn eine besondere Freude, sich in freier Natur sportlich betätigen zu können. Sie legten oft weite Strecken zurück, da der Kollege ein begeisterter Paddler war und nicht so schnell wie wir lustlos auf die Luftmatratze fiel. Durch seine Blindheit hatte er ein überdurchschnittlich gutes Gehör und konnte daher die Natur und ihre Geräusche in vollen Zügen genießen.

Das Segeln hörte von einem Tag zum andern abrupt auf, und das war so: Es war ein herrlicher Sonnentag mit viel Wind, also ideal für eine ausgedehnte Segeltour. Es ging bis zum Ende des Tegeler Sees. Die Tegeler Seeterrassen kamen näher und näher und es musste daher eine Wende eingeleitet werden. In Ermangelung nautischer Erfahrung bevorzugte mein Vater eine Halse, mit dem Erfolg, dass wir binnen einer zehntel Sekunde allesamt im Wasser lagen! Die Reaktionen hätten unterschiedlicher nicht sein können.

Mein Vater versuchte, das Boot vor dem Absinken zu retten (der Motor war ja auch noch dran), meine Mutter hielt nach mir und meiner Schwester Ausschau, in der Hoffnung, dass auch wir nicht absackten. Wir dagegen waren damit beschäftigt, die herumschwimmenden Taschen und Tüten auf die herumtreibende Luftmatratze zu retten. Nachdem sich diese Prozeduren nach 2 Minuten zu einer der Situation entsprechenden Zufriedenheit eingespielt hatten, kam uns ein Mini-Ausflugsschiff zu Hilfe und schleppte uns samt Material in einen kleinen Nebenarm gleich neben den Restaurants. Dort bekamen wir natürlich ungeteilte Aufmerksamkeit, doch auch Kommentare, wie 'unverantwortlich', 'die armen Kinder', 'Deppen'. Zurückpaddeln mussten dann unsere Eltern, währenddessen wir uns es im Zentrum des Bootes unter der Persenning bequem machten. Immerhin war am nächsten Tag ein Foto in der Zeitung. Hier noch eine zusätzliche Bemerkung: Leider hatte unser Canadier kein Kielschwert!

Mein Verhältnis zum Wassersport war danach keineswegs getrübt! Als mir meine zwei Schulfreunde vorschlugen, mit ihnen in einen Ruder-Club einzutreten, stimmte ich sofort zu. Ich war damals 14 Jahre alt.

Es sollte der Spandauer Ruder-Club sein. Was sich aus dieser Beziehung schließlich entwickeln sollte, konnte ich damals noch nicht ahnen. Hier sei schon so viel verraten: Ein neuer Lebensabschnitt begann und fünfzehn Jahre lang hat mich der Rudersport in seinen Bann gezogen.